O TEATRO DA ESPONTANEIDADE

Dados Internacionais de Catalogação na Publicação (CIP)
(Câmara Brasileira do Livro, SP, Brasil)

Moreno, Jacob Levy, 1892-1974.
   O teatro da espontaneidade / J. L. Moreno. – São Paulo: Ágora,
2012.

   Bibliografia.
   ISBN 978-85-7183-099-8

   1. Improvisação (Representação teatral)   2. Psicodrama
3. Teatro   I. Título.

12-04335   CDD-792.028

          Índice para catálogo sistemático:
          1. Improvisação: Artes da representação   792.028

www.editoraagora.com.br

EDITORA AFILIADA

Compre em lugar de fotocopiar.
Cada real que você dá por um livro recompensa seus autores
e os convida a produzir mais sobre o tema;
incentiva seus editores a encomendar, traduzir e publicar
outras obras sobre o assunto;
e paga aos livreiros por estocar e levar até você livros
para a sua informação e o seu entretenimento.
Cada real que você dá pela fotocópia não autorizada de um livro
financia um crime
e ajuda a matar a produção intelectual em todo o mundo.

O TEATRO DA ESPONTANEIDADE

J. L. MORENO

O TEATRO DA ESPONTANEIDADE
Copyright © 1973 by Jacob Levy Moreno
Direitos desta tradução adquiridos por Summus Editorial

Editora executiva: **Soraia Bini Cury**
Editora assistente: **Salete Del Guerra**
Tradução: **Moysés Aguiar**
Revisão técnica: **Mariana Kawazoe**
Imagem da capa: **Commedia dell'arte in italienischer Landschaft,
Pieter van Bredael (1629-1719)**
Diagramação: **Triall Composição Editorial Ltda**
Impressão: **Sumago Gráfica Editorial**

Editora Ágora
Departamento editorial
Rua Itapicuru, 613 – 7º andar
05006-000 – São Paulo – SP
Fone: (11) 3872-3322
Fax: (11) 3872-7476
http://www.editoraagora.com.br
e-mail: agora@editoraagora.com.br

Atendimento ao consumidor
Summus Editorial
Fone: (11) 3865-9890

Vendas por atacado
Fone: (11) 3873-8638
Fax: (11) 3873-7085
e-mail: vendas@summus.com.br

Impresso no Brasil

Sumário

Apresentação à edição brasileira 7

Prefácio 11

Prólogo à segunda edição ampliada 13

Introdução 21

A origem do teatro 37

Primeira parte
O teatro do conflito

O teatro no palco e no público, ou teatro grupal 43

Segunda parte
O teatro da espontaneidade

O metateatro 53

Dramaturgia experimental 61

Aplicações 111

Terceira parte
O teatro terapêutico

O lugar 131

Quarta parte
O teatro do criador

O drama da criação 139

Diagramas de interação 143

Nota 1 – Alguns dados a respeito das relações do psicodrama
com o teatro 145

Nota 2 – O teatro da espontaneidade e o método de
Stanislavski 149

O teatro da espontaneidade – Um esboço de sua história em
manchetes 153

Quinta parte
Goethe e psicodrama

Relação do processo delirante em *Lila*, de Goethe, com
a psicologia analítica e com o psicodrama 167

Comentários a respeito de Goethe e o psicodrama 181

Glossário 185

Apresentação à edição brasileira

Em 1923, J. L. Moreno publica o terceiro livro de sua trilogia vienense: *O teatro da espontaneidade* (*Das Stegreiftheater*). Os dois primeiros foram *Convite a um encontro* (*Einladung zu einer Begegnung*), publicado em três fascículos, respectivamente em 1914, 1914 e 1915, e *As palavras do pai* (*Das Testament des Vaters*), em 1920. Em 1925, ele emigra para os Estados Unidos.

As bases filosóficas de sua futura obra estão contidas nessas três pequenas grandes obras. Constituíam livretos de poucas páginas, sendo que os dois últimos, os de 1920 e 1923, receberam consideráveis acréscimos nas edições americanas posteriores.

Convite a um encontro, como o título diz, lança as bases do conceito filosófico de Encontro e da relação *Eu-tu* que, como agora está provado, influenciou, e não ao contrário, o filósofo Martin Buber, autor do livro *Eu e tu* (*Ich und Du*), publicado em 1923[1].

Em *As palavras do pai*, fortemente inspirado no hassidismo e na cabala, Moreno reitera os conceitos anteriores e anuncia outros que

---

1. O psicoterapeuta vienense Robert Waldl defendeu tese de doutorado demonstrando que os escritos de Moreno sobre o tema não são apenas anteriores como influenciaram trechos da obra buberiana. Para saber mais, acesse www.daimon.org.br/artigos.

farão parte central de sua futura obra: espontaneidade e criatividade. Propõe o Deus-Eu em contraposição ao Deus-Ele do judaísmo clássico e ao Deus-Tu do cristianismo, ou seja, o homem assume sua responsabilidade cocriadora e codestruidora do Universo. Aqui, Moreno prenuncia os elementos de uma consciência ecológica que não era, à época, motivo de preocupação global.

Em *O teatro da espontaneidade*, Moreno põe à prova, na prática da ação teatral, seus conceitos místico-filosóficos. Observa a rapidez ou a lentidão de respostas comunicacionais entre os atores espontâneos. Constata que algumas interações humanas chegam a uma espécie de sintonia extrassensorial. Descreve o fenômeno da empatia em duplo sentido que mais tarde denominará de tele, em oposição ao conceito de transferência.

O teatro espontâneo de Viena (1921 a 1923) proporcionou a Moreno o laboratório que buscava para tentar transformar o teatro tradicional. Anos antes, em um rompante adolescente, invadiu um teatro e exortou os atores a deixar os *scripts* de lado e desempenhar seus próprios papéis. Em seu novo teatro, deu voz e ação aos membros da plateia, que se tornaram protagonistas e atores coadjuvantes. Não havia texto nem autor predeterminado, o diretor estava diante do público, o fim da história era criado no aqui e agora da apresentação.

A pesquisa do comportamento humano no teatro espontâneo diferia totalmente dos estudos psicológicos da época. A psiquiatria e a psicanálise focavam suas observações em pacientes internados ou ambulatoriais, fossem eles psicóticos ou neuróticos. Moreno observava as interações relacionais entre os homens comuns, cidadãos que participavam de seu teatro. Isto leva a psicologias diversas. Uma tem como referência o doente, a outra o homem "normal". Uma tenta decifrar o que está escondido, a outra, observa o que está expresso na ação. Moreno contrapõe o *das Ding an sich*, a coisa em si, de Kant, à atitude filosófica do *das Ding ausser sich*, a coisa fora de si, fora do controle, algo que chamará mais tarde de *acting-out* terapêutico.

Mas, afinal, Moreno conseguiu modificar o teatro tradicional? Um dito popular ensina que nem sempre se encontra o que se busca, mas quem busca sempre encontra alguma coisa. Esta sabedoria confirmou-se com Moreno. Ele não conseguiu transformar o teatro, como desejava, mas chegou a uma nova forma de psicoterapia: o teatro terapêutico. Bárbara, sua primeira paciente, como todos os psicodramatistas sabem, era uma participante do teatro espontâneo. Na época, em Bad Vöslau, como médico de família, Moreno também utilizava técnicas dramáticas, que chamava de *teatro recíproco*.

Ao chegar aos Estados Unidos, em 1925, após o período de adaptação, continua com as apresentações do teatro espontâneo, que passou a denominar de *Impromptu Theatre*, teatro do improviso. Em 1931, edita um pequeno livro: *Impromptu*.

Em 1947, o próprio Moreno traduz para o inglês o livro *O teatro da espontaneidade*, inserindo novas teorizações que então já lhe eram mais evidentes. Por essa ocasião, tinha publicados dois livros em sua fase americana: *Who shall survive?* (1934) e *Psychodrama, Vol. I* (1946). Este último marca o início de sua fase clínica, com o trabalho em seu pequeno hospital psiquiátrico, o Sanatório Beacon Hill.

O teatro da espontaneidade foi publicado pela última vez no Brasil em 1984, pela Summus Editorial. Esgotada a edição, os estudiosos da obra moreniana passaram a recorrer aos empréstimos e às cópias do texto. Pela sua importância histórica e científica, sua reedição tornava-se premente. Graças à parceria entre a Editora Ágora e a Daimon Editora, essa lacuna fica sanada. Os psicodramatistas de língua portuguesa não só terão o livro reeditado, mas traduzido por um eminente professor de psicodrama: Moysés Aguiar. Boa leitura ou releitura!

José Fonseca

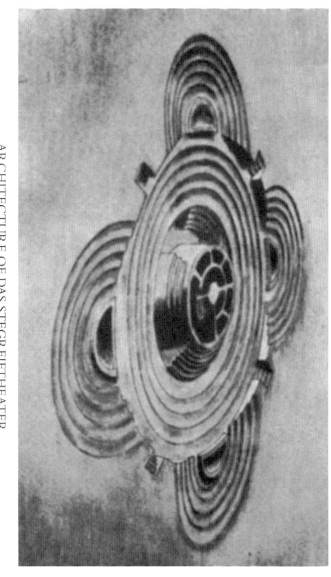

ARCHITECTURE OF DAS STEGREIFTHEATER
Modelo vienense, 1924
Exibido pela primeira vez na *Internationale Ausstellung Neuer Theatertechnik* (Exposição Internacional de Novas Técnicas Teatrais), inaugurada na cidade de Viena.

Prefácio

Das Stegreiftheater foi publicado pela primeira vez em 1923, pela editora Gustav Kiepenheuer, em Potsdam, Alemanha. Ele apareceu de forma anônima, como o foram todos os meus livros até 1925. Traduzido por mim mesmo do alemão, foi publicado nos Estados Unidos em 1947. Algumas partes foram reescritas porque continham um fraseado novo e difícil.

Ele foi e continua sendo o primeiro do gênero e, embora quando publicado pela primeira vez nos Estados Unidos ele já tivesse 25 anos de idade, não existe outro na literatura psicodramática. Sua principal contribuição está nos fundamentos da teoria da espontaneidade, das técnicas do jogo e da comunicação interpessoal. Ele abriu novos territórios, não apenas no teatro, mas também para o experimentador em psicologia, para o educador, o sociólogo, o psicólogo social, o fonoaudiólogo, o psicólogo clínico, o psicoterapeuta e o psiquiatra.

Das Stegreiftheater representou, na minha obra, o início de um novo período: a transição dos escritos religiosos para os científicos. Introduziu muitas das características encontradas em meu trabalho posterior, tais como a ênfase na mensuração e no mapeamento da comunicação interpessoal – os diagramas de movimentos – nos procedimentos operacionais e na análise situacional. Como tal, foi o an-

12 ■ J. L. MORENO

tecessor do sociograma, do diagrama do átomo social, do diagrama de papéis, do sociograma de ação etc.

Esta nova edição, ampliada, apresenta um novo Prólogo, uma nova Introdução e um novo capítulo final, a Quinta parte, que registra a importância de Goethe tanto como pioneiro da terapia através do drama como pelo seu senso estético para a produção espontânea.

Prólogo à segunda edição ampliada

A influência do teatro da espontaneidade sobre o teatro moderno

O objetivo principal do Teatro da Espontaneidade Vienense, entre 1921 e 1923, era desencadear uma revolução no teatro, a ponto de provocar uma transformação nos eventos teatrais. Essa mudança foi tentada de quatro maneiras:

1. Eliminando-se o dramaturgo e o texto escrito;
2. Contando com a participação da plateia, para que o teatro se transformasse num "teatro sem espectadores" – todos participam, todos são atores;
3. Os atores e a plateia são, agora, os únicos criadores; tudo é improvisado: o texto, a encenação, a temática, as palavras, o encontro e a resolução dos conflitos;
4. O velho palco desaparece e em seu lugar surge o palco aberto, o palco-espaço, o espaço aberto, o espaço da vida, a vida enfim.

Do teatro da espontaneidade ao psicodrama

O teatro "cem por cento espontâneo" encontrou grande resistência, tanto do público quanto da imprensa. Eles não acreditavam na criatividade espontânea, acostumados que estavam a depender das "conservas culturais" do teatro. Por isso, quando o teatro da espontaneidade oferecia um espetáculo bom, honesto, uma espontaneidade que funcionava do ponto de vista artístico, o trabalho lhes parecia suspeito. Achavam que o jogo espontâneo tinha sido todo planejado e ensaiado, ou seja, era uma farsa. Quando, entretanto, a encenação não era boa, mostrava-se sem vida, eles concluíam que uma espontaneidade verdadeira seria impossível. Perdemos o interesse do público e tornou-se difícil garantir a estabilidade financeira do teatro. Vi-me diante da tarefa de mudar a atitude básica tanto do público quanto dos críticos. Isso me pareceu improvável sem uma revolução total de nossa cultura. Meu desânimo para dar continuidade a um teatro puramente espontâneo chegou ao ponto mais alto quando me dei conta de que meus melhores atores espontâneos – Peter Lorre, Hans Rodenberg, Robert Müller e outros – pouco a pouco estavam abandonando o teatro da espontaneidade e se voltando para o cinema e para o teatro "normal".

Diante desse dilema, tentei em primeiro lugar o "Jornal Vivo". Trata-se de uma síntese entre teatro e jornal, completamente diferente, porém, da tradição russa e medieval de um jornal oral e falado. O "jornal dramatizado" não é uma locução: é a vida, ela própria, que é encenada. Os fatos são dramatizados. Esse método representou um passo à frente, mas lhe faltava o sentido mais profundo do carisma.

Mais tarde, descobri no "teatro terapêutico" uma solução mais simples, ou seja, a facilidade de alcançar uma espontaneidade total. No caso de um ator normal, era difícil não levar em conta as imperfeições estéticas e psicológicas, mas era mais fácil tolerar as imperfeições e irregularidades de uma pessoa anormal, um paciente. As imperfeições eram, por assim dizer, esperadas e muitas vezes bem-vindas.

Os atores foram transformados em egos-auxiliares e também eles, dentro do clima terapêutico, eram tolerados. O teatro da espontaneidade desenvolveu uma forma intermediária de teatro, o teatro da catarse, o psicodrama.

O TEATRO DA ESPONTANEIDADE ■ 15

É interessante notar que o psicodrama não tinha nada que ver com o *happening*, embora pudesse, visto de forma vulgarizada, ser confundido com ele. Como foi o caso de um espetáculo psicomusical criado por estudantes de arte da Anthony's University, em 1959, que mais tarde foi considerado um *happening*. Ao contrário dessa teatralidade anárquica e amorfa, que no *happening* é considerada uma loucura desejável, a meta do psicodrama é uma organização genuína da forma, uma autorrealização criativa em ato, dentro de determinada estruturação do espaço, uma concretização de relacionamentos humanos dentro da atuação cênica. No *happening* os indivíduos se comportam de maneira autoidolátrica, autossuficiente; na medida em que não se traz nenhuma forma, também não se torna possível uma participação real do grupo de espectadores convidados; todos são deixados de lado, dependentes apenas desse comportamento francamente narcisista. Sim, pode-se dizer que o não relacionamento é a principal característica do *happening*, enquanto a marca do psicodrama é precisamente o relacionamento do indivíduo com o grupo e com a sociedade. (Pörtner, 1967, p. 13)

Novos desenvolvimentos do teatro da espontaneidade nos Estados Unidos

Quando me mudei para os Estados Unidos, em 1925, continuei meus experimentos com a participação da plateia. Primeiro, no *Carnegie Hall*, em 1929, e depois no *Civic Repertory Theatre*, em 1930, quando então os exercícios de espontaneidade tiveram a participação de Howard Da Silva, Burgess Meredith e John Garfield, entre outros; um tempo depois, o *Guild Theatre* organizou uma apresentação do Jornal Vivo. Eu abri o *Mansfield Theatre*, em 1948, com várias modalidades de produção espontânea. Pouco a pouco minhas ideias começaram a influenciar o *Group Theatre* e os seguidores de Stanislavski; Elia Kazan chegou a empregar o método psicodramático no *Actors Studio*. Existe alguma relação entre o psicodrama e o método de Stanislavski. Entretanto, enquanto Stanislavski utilizava parcialmente a improvisação para aperfeiçoar o desempenho, eu não só permitia como encorajava a imperfeição, a fim de alcançar a espontaneidade total.[2]

Nosso primeiro experimento com o Jornal Vivo nos Estados Unidos, realizado no *Guild Theatre*, provocou as seguintes reações da imprensa:

New York Evening World Telegram, 28 de março de 1931 (Douglas Gilbert):

"Para afastar a suspeita de ensaios prévios, a trupe do Dr. Moreno vai dramatizar os novos acontecimentos do dia."

New York Times, 6 de abril de 1931:

"O principal objetivo era fazer um teatro jornalístico e o coordenador rapidamente explicou a situação e distribuiu os papéis."

New York Morning Telegraph, 7 de abril de 1931 (Stanley Chapman):

"Os atores improvisadores vão apresentar uma dramatização espontânea de um jornal. Todos os membros da trupe sobem ao palco e o doutor lhes atribui os papéis. Ele designa um deles para ser o proprietário de um jornal, outro como o editor local e outro como gerente de publicidade."

New York Evening Post, 6 de abril de 1931 (John Mason Brown):

---

2. Para mais esclarecimentos, veja *Psychodrama, Vol. I*, p. 38-40. Em português: *Psicodrama*. São Paulo: Cutrix, 1992.

"Vocês estão agora na redação de um jornal. Sim, na sede do *The Daily Robot*, aguardando notícias."

O teatro americano moderno (Teatro Vivo, 1950-1960; Teatro Aberto, 1963; Teatro-guerrilha; Teatro de Rua, Jogos Teatrais, Teatro Líquido etc., 1963-1972)

Nos últimos 20 anos, tornou-se evidente uma tendência americana de superar o velho e dogmático teatro. Os produtores teatrais tentam incluir os espectadores na atuação. Isso em parte liberta o teatro das peças escritas; ele é utilizado, porém, para objetivos sociais e políticos, como o fazem Brecht e outros dramaturgos. Eles promovem encenações nas quais os atores vão se envolvendo numa atmosfera psicológica, criando, aos poucos, uma peça teatral.

Desenvolvimentos revolucionários no teatro alemão

No teatro alemão, graças à iniciativa de Paul Pörtner[3], aconteceram vários eventos denominados *Mitspiele*, ou *Interplays*, que

> se parecem com o psicodrama – ou mais exatamente com o sociodrama – e, quando apresentados em Ulm, Heidelberg, Nuremberg provocaram discussões, embates, brigas em meio ao público. Os participantes discutiam acirradamente com os atores. Estes, desde o momento em que começou a improvisação livre, foram se unindo cada vez mais como um elenco, ou seja, formaram um grupo. Se alguma lição se pode extrair disso, se-

---

3. Paul Pörtner é dramaturgo, organizador dos *Interplays* (Scherenschnitt) e editor de uma série de livros que documentam o teatro moderno.

ria a interdependência dos atores do grupo num contexto de improvisação: os atores foram uma vez mais forçados a escutar um ao outro, enquanto os conflitos eram atuados ou exteriorizados verbalmente. Interjogar significa jogar um com o outro e com o público; não apenas os atores se relacionam entre si, mas o público também interage com os atores. Algumas pessoas atuam sozinhas dentro do grupo de espectadores, outras dentro do grupo de atores, mas os dois grupos também interagem um com o outro. (Pörtner, 1967, p. 13)

O futuro do teatro moderno e o psicodrama sintético

O teatro revolucionário moderno, tanto na Europa quanto nos Estados Unidos, vem-se desenvolvendo na direção do teatro da espontaneidade, mas ainda não é capaz de superar a velha barreira dogmática. Nos Estados Unidos, o *Living Theatre* e o *Open Theatre* ainda estão presos à conserva teatral. É verdade que eles não têm um dramaturgo, no sentido antigo, é o elenco de atores que improvisa, passo a passo, cada parte de uma peça, que eles então integram num todo organizado. O objetivo do elenco é ainda criar uma "peça teatral", que vai se repetir com pequenas variações. A velha forma do teatro está portanto ainda ali, com algumas modificações interessantes que eles aproveitaram do teatro da espontaneidade, ou seja, a eliminação do dramaturgo, a participação do público, as motivações terapêuticas, uma maior liberdade para os atores, a liberdade do corpo, até a total liberação das roupas, a nudez completa, com todas as funções vitais realizadas perante o público, sem qualquer restrição. Mas tudo que se desempenha é cuidadosamente "ensaiado", experimentado, do diálogo à relação sexual.

Os *Interplays* do teatro alemão (Pörtner) são bastante promissores devido à genuína espontaneidade no contato com o público, mas a verdadeira arte do momento, no aqui e agora, continua sendo uma utopia.

O moderno psicodrama, por outro lado, é sempre novo e fresco, não é repetido em cada sessão. Temos mostrado que há novos caminhos e novos objetivos. O grande problema que ainda está por ser resolvido é garantir o máximo de *qualidade* da criação e de *estabilidade* nas atuações. Temos notado que em centenas de lugares, com todos os grupos possíveis de pessoas, é possível criar um psicodrama significativo. Mas, a despeito dos consideráveis efeitos terapêuticos, o *nível* da produção costuma ser muito baixo. Como desenvolver e elevar esse nível? Além disso, temos a questão da qualidade. Ela depende, no mais alto grau, da escolha do diretor e dos egos-auxiliares. Eles nem sempre têm a mesma qualidade e é raro que cheguem ao nível mais alto no que se refere à estética e à terapêutica. Permanece a questão: como superar essas dificuldades? A resposta: por meio da prática e da análise da produção.

Um levantamento de milhares de diretores de psicodrama proporcionou o seguinte resultado: entre os muitos diretores ativos, na melhor das hipóteses 1% deles tem a qualidade, a espontaneidade, o carisma e a energia constante para inspirar uma produção que alcance o mesmo patamar de um Shakespeare ou de um Ibsen. Evidentemente, não se pode comparar o psicodrama com a antiga forma de teatro, pois são processos totalmente diferentes entre si. A tarefa da academia psicodramática é, portanto, descobrir diretores que tenham uma cultura melhor e treiná-los. Nem todos os diretores que treinamos têm a mesma qualidade. Por isso, teremos de eliminar inúmeras pessoas no processo de seleção para o treinamento do diretor.

Assim como existe uma ordem de classificação entre os diretores, existe outra entre protagonistas e também entre egos-auxiliares. Alguns protagonistas têm uma capacidade incrível de representação, mas existem aqueles com pouquíssimo talento. O mesmo se pode dizer dos egos-auxiliares quanto à capacidade de assumir o papel de outras pessoas.

Os desenvolvimentos estão ainda em sua infância. Contudo, a partir dos milhares de institutos teatrais e do número crescente de centros de psicodrama, em todos os países, aos poucos vão surgindo novos talentos e novos métodos. Isso vai criar o teatro do futuro.

Teatro e terapia estão bastante interligados. Mas também aqui existem muitos níveis. Haverá um teatro puramente terapêutico, outro isento de objetivos terapêuticos e, entre os dois extremos, muitas formas intermediárias.

Introdução

Observando sobre minha mesa este pequeno livro, que vem impulsionando, nos últimos 25 anos, os métodos de ação e as pesquisas-ação, o jogo de papéis e a pesquisa de papéis, as técnicas dramáticas e a psicoterapia dramática, a avaliação e o treinamento da espontaneidade, o psicodrama e o sociodrama, seria importante relembrar a inspiração que está por trás dele. Nada estava mais longe de minha mente que o palco e sua pompa. Eu me debatia com as ideias sobre Deus, sobre o si-mesmo[4] e sobre a liberdade, como o faziam outros jovens de minha geração, com a diferença de que eu utilizava uma abordagem incomum, um novo método do teatro, o teatro da espontaneidade e da catarse.

Ideia fixa (*idée fixe*)

A razão pela qual escolhi o caminho do teatro em vez de fundar uma seita religiosa, entrar para um mosteiro ou desenvolver uma doutrina

---

4. No original, *Self*, termo que vem sendo traduzida das mais diferentes formas em português, variando de acordo com a corrente teórica que a utiliza. Nesta versão, optamos por si-mesmo, alternativa adotada pelos introdutores do psicodrama no Brasil no século passado (em espanhol, *si mismo*). [N.T.]

teológica (embora eles não se excluam mutuamente) pode ser compreendida quando se examina o contexto dentro do qual brotaram essas ideias.

Eu tinha uma ideia fixa, que na ocasião poderia ser considerada uma doença, mas a respeito da qual se pode dizer hoje, uma vez que seus frutos aparecem, que foi "pela graça de Deus". A ideia fixa se tornou minha fonte permanente de produtividade. Ela proclamava que existe uma espécie de natureza primordial que é imortal e se renova a cada geração; um primeiro universo que contém todos os seres e no qual todos os acontecimentos são sagrados. Eu gostava desse reino encantado e nunca me ocorreu abandoná-lo.

Um dos meus passatempos favoritos era sentar-me aos pés de uma frondosa árvore, nos jardins de Viena, e deixar que as crianças se aproximassem de mim para ouvir contos de fadas. O mais interessante da história era que eu me sentava ao pé da árvore como um ser saído de um conto de fadas, e as crianças vinham até mim como se conduzidas por uma flauta mágica e fisicamente retiradas de seu contexto e levadas ao mundo das fadas. Não era tanto o que eu narrava a elas, o conto em si: era o ato, a atmosfera misteriosa, o paradoxo, o irreal fazendo-se real. Eu ia para o centro, levantava-me do pé da árvore e me sentava num galho mais alto; as crianças formavam um primeiro círculo, um segundo círculo em volta do primeiro, um terceiro por trás do segundo, vários círculos concêntricos, o céu era o limite.

Quando aos poucos eu me via compelido a deixar o reino das crianças e transitar pelo mundo, a demanda vinha acompanhada da decisão de que a ideia fixa deveria continuar a me guiar. Assim, sempre que eu entrava numa nova dimensão da vida, as formas que eu tinha visto com meus olhos no mundo virginal permaneciam diante de mim. Eram modelos sempre que eu tentava visualizar uma nova ordem de coisas ou criar uma nova forma. Nessas visões, eu me sentia totalmente seguro. Parecia que elas me forneciam a ciência da vida antes que a experiência e a experimentação a validassem. Quando entrava numa casa de família, numa escola, numa igreja, no palácio do Congresso ou em outra instituição social, eu sempre me rebelava contra elas. Sabia que elas tinham sido distorcidas, e eu portava um novo modelo, pronto para substituir o velho.

O teatro da espontaneidade

Quando eu adentrava um teatro, sabia que ele tinha se afastado de sua forma original. Por isso, depois que construí um palco para o novo teatro, que daria à humanidade uma espécie de religião dramática, muitos me perguntavam que influências eu havia sofrido para imaginar um palco com essas características, colocado no centro em vez de à frente; permitindo uma movimentação ilimitada em vez de limitada, aberto para todos os lados em vez de para um só; que tivesse toda a comunidade em volta dele, em vez de apenas parte dela; de forma circular, em vez de quadrada; que se movesse para cima, verticalmente, em vez de manter um único nível. O estímulo não foi o palco de Shakespeare ou o palco dos gregos: esse modelo eu encontrei na própria natureza.

No teatro dos meus sonhos, cada detalhe mudava, não apenas a estrutura do palco. O *si-mesmo* do ator e sua criatividade espontânea vinham em primeiro lugar. Porque eles deveriam dar lugar ao *si-mesmo* e à criatividade do dramaturgo! Eu os elevei ao mesmo plano da categoria mais alta de atores, os santos e profetas. Sua vitória deveria resplandecer na armadura de seus si-mesmos, pois do contrário seria uma glória vazia. Eu via, ao longo da história do Homem, desde a sua primeira infância, para a qual temos uma espécie de amnésia (semelhante àquela que temos para com nossa primeira infância), atores terapêuticos construindo palcos para o seu teatro nas praças de mercado, em meio à comunidade. O Sermão da Montanha pode ter exigido de Jesus uma longa e investigativa reflexão. Ele pode tê-lo organizado na forma de tópicos, mas não podemos imaginar Jesus

24 ■ J. L. MORENO

ensaiando meses a fio, para deixá-lo em condições de ser exposto, como faz um ator para a estreia de uma peça. Ao contrário, ele estava nele, fluindo de dentro para fora, como uma árvore floresce repentinamente na primavera. O que floresceu foi a espontaneidade e a criatividade do si-mesmo.

Minha visão do teatro foi modelada pela ideia de um si-mesmo espontaneamente criativo. Mas esse pensamento foi desacreditado de modo profundo e relegado ao esquecimento, numa época em que a ideia fixa me exigia que combatesse seus adversários e trouxesse o si-mesmo de volta à consciência da humanidade, usando todos os recursos de persuasão e de teatro possíveis.

A Viena de 1910 era um dos cenários das três formas de materialismo que passaram a reger, incontestavelmente, o mundo de nossa época: o materialismo econômico de Marx, o materialismo psicológico de Freud e o materialismo tecnológico do barco a vapor, do aeroplano e da bomba atômica. Todas essas três formas de materialismo, embora contrárias entre si, apresentavam um denominador comum: um medo profundo e um desrespeito, quase ódio, diante do si-mesmo espontâneo e criativo (que não deve ser confundido com o gênio individual, uma de suas muitas representações).

Quando encontrei reduzida a cinzas a orgulhosa casa do homem, na qual ele vinha trabalhando por quase dez mil anos, para dar a ela a solidez e o esplendor da civilização ocidental, o único resíduo promissor que detectei em meio aos escombros foi o "espontâneo criativo". Vi o fogo queimando pela base cada dimensão da natureza, a cósmica, a espiritual, cultural, a social, a psicológica, a biológica e a sexual, formando em cada esfera um núcleo do qual um novo surto de inspiração poderia surgir.

Considerando o espontâneo criativo uma dádiva irracional da natureza, algo místico que algumas pessoas têm e outras não, em torno do qual se poderia edificar um culto, inclinei-me a tratar o tema com a mesma entrega com que o cientista examina um novo elemento, em vez de cair na orgia da admiração diante da nova descoberta, como milhares de outros homens afetados de maneira semelhante o fizeram no passado. A diferença era que, nos procedimentos científicos usuais, o novo elemento, o objeto de estudo, está fora do cientista e não tem de ser tratado por ele. De minha parte, eu tinha uma dupla tarefa: primeiramente, criar, produzir o elemento dentro de mim, concretizando, por assim dizer, o sujeito criativo subjetivo, para em seguida isolá-lo e investigá-lo. Eu imaginava os profetas e santos do passado, que apareciam como os mais brilhantes exemplos da criatividade espontânea, e dizia a mim mesmo: "Isso é o que você tem de produzir primeiro, e você mesmo tem de encarná-lo". Comecei, assim, a me "aquecer" para estados de espírito proféticos e sentimentos heroicos, colocando-os em meus pensamentos, emoções, gestos e ações, uma espécie de *pesquisa da espontaneidade em nível de realidade*.

Mas isso não era assim tão simples e objetivo. Eu queria, é claro, me tornar um personagem extraordinário, um grande profeta ou Don Juan. Se eu tivesse conseguido isso e ficasse satisfeito, não teria contribuído com nada de novo para a ampliação de nosso conhecimento a respeito do que é a espontaneidade-criatividade e do que ela pode conseguir.

Na origem de toda religião genuína existe uma fase criativa espontânea, mas exatamente por uma motivação religiosa o resultado não pode ser outra coisa que não uma nova seita. Na verdade, muitas vezes, quando o processo de aquecimento me levava ao êxtase máximo, eu fazia o papel de Deus e incitava os outros a me seguir. Em outras ocasiões, examinava criticamente minha produção, meu *alter ego*, como se estivesse diante de um espelho.

Uma de minhas primeiras descobertas foi que a espontaneidade pode se tornar obsoleta se a pessoa não cuidar do seu desenvolvimento, ou seja, ela talvez se torne obsoleta pelo próprio fato de ser espontânea. O clichê do ato espontâneo, se não for controlado no interior do ator, pode retornar e interferir na espontaneidade de um novo ato.

Outra descoberta foi que a espontaneidade, por mais débil que seja no começo, é passível de ser treinada.

Mas ninguém pode desempenhar papéis de profetas e santos, numa época materialista, sem ser taxado de louco ou criminoso. O teatro era um retiro seguro para uma revolução insuspeita e oferecia possibilidades ilimitadas para uma *pesquisa da espontaneidade em nível experimental*. A espontaneidade poderia ser testada e medida numa atmosfera livre dos abusos da mediocridade, e a religião encontrou um novo campo de provas para os seus princípios. Criado em um ambiente científico, comecei a desenvolver algumas hipóteses, certos procedimentos para verificá-las e testes por meio dos quais se poderia medir a espontaneidade. Tudo isso não como ciência pela ciência, mas como um passo preliminar e suplementar para um teatro da espontaneidade que abrisse suas portas para cultuar o gênio imediato e criativo.

De que maneira viabilizar um teatro da espontaneidade como realidade prática e tecnológica? Ficou claro, depois de testar centenas de sujeitos, que era raro e pouco desenvolvido o talento para a espontaneidade; que não era garantida a espontaneidade de um indivíduo em tarefas que não fossem previamente conhecidas, assim como sua precisão era imprevisível. A pressão do desempenho, todos os dias diante de novas plateias, exigiu que se inventassem novos métodos de produção e de predição, assim como que fossem cruelmente eliminados métodos que não produzissem resultados, por mais razoáveis que parecessem. O esforço de manter vivo o teatro da espontaneidade, cheio de novas ideias, despertando em seus frequentadores um entusiasmo espontâneo, ensejou como subprodutos o estudo do processo de aquecimento tanto de atores quanto de plateias, a pesquisa a respeito de atuação e de papéis e os métodos de comunicação instantânea, assim como a elaboração de diagramas de interação e de escalas de espontaneidade.

O teatro da espontaneidade total, entretanto, enfrentou enormes dificuldades, antes de tudo, por parte das plateias. Elas eram levadas, em todos os aspectos da vida, das ciências e das artes, a usar as conservas culturais e a permanecer nelas, e não a acreditar em sua

O TEATRO DA ESPONTANEIDADE ▪ 27

própria espontaneidade. A única espontaneidade que elas aprenderam a apreciar é aquela que vem da conserva "animada". Portanto, quando a verdadeira espontaneidade lhes era apresentada no *Stegreiftheater*, elas suspeitavam de que tivesse sido muito bem ensaiada, como uma estratégia para enganá-las; ou, se uma cena era desempenhada de maneira pobre, elas viam isso como um sinal de que a espontaneidade não funcionava.

Dei-me conta da enorme tarefa que estava diante de mim: mudar a atitude do público. Isso exigiria uma revolução total de nossa cultura, uma revolução criadora. O clímax da dificuldade se deu, porém, quando deparei com meus melhores alunos flertando com o clichê, até mesmo em atuações temporárias que culminavam num retorno do teatro da espontaneidade para o palco convencional, ou ainda se transformando em atores de cinema. *Diante desse dilema, voltei-me "provisoriamente" para o teatro terapêutico, uma decisão estratégica que talvez tenha salvado da morte o movimento psicodramático.* Era mais fácil defender a espontaneidade total num teatro terapêutico; a um ator não se perdoariam suas imperfeições estéticas, mas as imperfeições e incongruências que um paciente psiquiátrico mostrasse no palco não apenas eram esperadas e toleradas com maior facilidade como também eram muitas vezes recebidas carinhosamente. Os atores passaram a ser, agora, egos-auxiliares, e eles também, em vista de sua função terapêutica, foram aceitos na nudez do talento natural, sem o perfeccionismo emprestado ao teatro. O teatro da espontaneidade desenvolveu uma forma intermediária, o teatro de catarse.

Deus criou o mundo em seis dias, e descansou cedo demais. Ele deu ao homem um lugar para viver, mas para garantir sua segurança o aprisionou naquele espaço. Ele deveria ter criado para o homem, no sétimo dia, um segundo mundo, outro mundo, desvinculado do primeiro, do qual ele pudesse sair, mas que por não ser real não prenderia ninguém. É aqui que o teatro da espontaneidade dá continuidade à criação do mundo de Deus, abrindo para o homem uma nova dimensão de existência.

O *locus* e o significado do si-mesmo

A espontaneidade parece ser o fator filogenético mais antigo que integra o comportamento humano. É com certeza mais antigo que a memória, a inteligência ou a sexualidade. Ela está em estágio embrionário, mas tem um potencial ilimitado de treinamento. Pelo fato de poder ser aproveitada diretamente pelo próprio homem, seu surgimento pode ser equiparado à descoberta, no plano físico, da energia nuclear.

São frequentes as tentativas de definir o si-mesmo. É fácil concordar que organismo individual e si-mesmo não são a mesma coisa, ainda que não possam ser claramente separados. Uma das dimensões do si-mesmo é a social, outra é a sexual, outra, a biológica, outra ainda, a cósmica, mas o si-mesmo é mais do que qualquer uma delas. É mais difícil concordar a respeito do *locus* do si-mesmo. É possível especificar algumas das dimensões dos quais ele se supre, mas o lugar onde ele se enraíza é outra história.

Minha tese é de que o *locus* do si-mesmo é a espontaneidade. A espontaneidade é um desvio das "leis" da natureza e a matriz da criatividade.

Quando a espontaneidade está no seu ponto zero o si-mesmo também está. À medida que diminui a espontaneidade, o si-mesmo encolhe. Quando a espontaneidade cresce, o si-mesmo se expande. Se o potencial da espontaneidade é ilimitado, o potencial do si-mesmo também o é. Um é função do outro. Seria possível expressar sua relação numericamente: se a espontaneidade for "o que é medido pelos testes de espontaneidade", o si-mesmo é medido pelo grau de espontaneidade que ele apresenta, seu quociente de espontaneidade. O si-mesmo é como um rio, ele nasce da espontaneidade, mas tem muitos afluentes, que contribuem para supri-lo.

É difícil também concordar quanto à estrutura do si-mesmo. Eu a descrevi como um feixe de papéis (papéis privados e papéis coletivos). Ele vai além da pele do organismo individual, sendo que nesse "além" está o âmbito interpessoal. Até onde ele vai e

O TEATRO DA ESPONTANEIDADE ■ 29

onde termina, eis a questão. Se o si-mesmo pode se expandir em criatividade e poder – e toda a história do homem parece indicar isso –, então deve haver alguma relação entre a ideia do si-mesmo humano e a ideia do si-mesmo universal, ou Deus. Os modernos apóstolos do ateísmo, quando cortam os vínculos que atam o homem a um sistema divino, um Deus supramundano, em sua pressa entusiástica cortam um pouco demais, cortam também o verdadeiro si-mesmo do homem. No mesmo pelo qual eles emancipam o homem em relação a Deus emancipam também o homem de si mesmo. Dizem que Deus está morto, mas foi o homem que morreu. Minha tese é, portanto, que *o centro do problema não é nem Deus nem a negação de sua existência, mas a origem, a realidade e a expansão do si-mesmo.*

Entendo o si-mesmo como algo que permanece, de mim e de você, depois que os reducionistas passados e futuros fazem a mais radical redução do "nós".

No plano social, isolamos o fator tele, que pode definir a direção que assume a expansão do si-mesmo. Para compreender as operações do fator tele, é interessante diferenciar projeção do que se chama de "retrojeção". A projeção costuma ser definida como "lançar sobre outras pessoas nossas ideias e supor que elas sejam objetivas, embora tenham uma origem subjetiva". A retrojeção consiste em captar e receber ideias e sentimentos de outras pessoas (o conceito pode ser aplicado a todas as dimensões e suas subsidiárias), seja para encontrar uma identidade consigo mesmo (confirmação), seja para agregar força ao si-mesmo (expansão).

A organização do si-mesmo dentro do organismo individual começa muito cedo na vida. Trata-se de um fenômeno universal e observável em todos os indivíduos. Em certas pessoas, o poder de retrojeção é muito desenvolvido. Nós os designamos como gênios e heróis. Se um homem de gênio sabe o que uma pessoa – ou o tempo – necessita, ele é capaz de fazer isso pelo poder retrojetivo do si-mesmo, ou seja, por um processo tele, não por projeção.

Essas pessoas assimilam com muita facilidade a experiência de terceiros, não apenas pelo fato de captá-la deles mas também porque os outros estão ansiosos por comunicar-lhes seus sentimentos. Elas reconhecem essas experiências como similares ou idênticas às suas e integram-nas ao si-mesmo; essa é a forma como elas conseguem ampliá-las, expandindo-as enormemente. Quando perdem essa possibilidade, esvazia-se o desafio do si-mesmo e este encolhe.

A hipótese de um si-mesmo que se expande apareceu na historia do homem primeiro no plano espiritual, na forma de exaltação religiosa; mais tarde, no plano estético (a valorização dos poetas e filósofos); mais tarde ainda, no plano político, por meio da exaltação dos legisladores, homens de estado e generais, da exaltação do poder pela destreza em manipular o povo; no plano científico, a exaltação do poder que decorre da manipulação de ideias; no plano tecnológico, a exaltação do poder oriundo da manipulação de objetos físicos.

As dimensões do si-mesmo

A relação entre o eu e o si-mesmo apresenta duas fases. Uma delas é um processo centrípeto de retrojeção, a outra é um processo centrífugo de "extrojeção". Neste último, o si-mesmo é externado depois que termina o processo de subjetivação. O problema é: será que o si-mesmo, à medida que aprende a se expandir, avança em termos de domínio e controle da parte do universo que ele invade, ou será que ele é empurrado para a frente e para trás, como no passado, por fatos que saem de seu controle? A sociatria nos tem dado boas razões para supor que a sociedade humana vai ser necessariamente controlada pelo si-mesmo ou por si-mesmos direcionados pela espontaneidade. Os experimentos sobre hereditariedade proporcionam uma segurança crescente de que a evolução genética da espécie humana vai um dia submeter-se ao controle e ao direcionamento. Mas os métodos de

O TEATRO DA ESPONTANEIDADE ■ 31

controle e direcionamento dos fatos no plano cósmico ainda estão (talvez para sempre) envoltos em mistério.

A maior dificuldade na expansão do si-mesmo na direção de um efetivo domínio do universo não reside na invenção de instrumentos pelos quais esses objetivos poderiam ser alcançados, mas no próprio homem. Ele se encontra inepto e inerte, sua espontaneidade está em estado embrionário de desenvolvimento. O que impede o progresso não é o "atraso" das ciências sociais, quando comparadas com as ciências físicas; o impedimento está mais nas limitações e na falta de prontidão do homem para utilizar os instrumentos e métodos que lhe permitiriam dominar as mudanças biológicas, sociais e culturais. Na esfera social, por exemplo, ele vive hoje num mundo de "plenitude" comparativa. O grande número de métodos e instrumentos recentemente desenvolvidos pelas ciências sociais está apodrecendo em bibliotecas e em pequenas comunidades experimentais. Enquanto no plano tecnológico é grande a prontidão do homem para utilizar instrumentos, à medida que vão sendo inventados; no plano social essa prontidão é muito baixa, quase nula. Para exemplificar, é fácil para o homem utilizar um cassetete, um revólver ou uma bomba atômica, mas é extremamente difícil para ele adaptar-se ao uso de instrumentos sociais que lhe assegurariam liberdade dentro da própria sociedade. A resposta a esse problema não é simples. O homem precisa ser educado. Mas a educação significa aqui mais do que mera iluminação intelectual. Não se trata apenas de uma deficiência da inteligência humana e é mais do que uma iluminação emocional. Não é meramente uma questão de *insight*, e sim de uma deficiência na espontaneidade para utilizar a inteligência disponível e para mobilizar as emoções iluminadas. Mas esse programa de preparação exige um esforço sem precedentes. O treinamento e o retreinamento dos homens em escala mundial, no que se refere à espontaneidade, exigem pesquisa-ação e métodos de ação continuamente modificados e reformatados para dar conta de novos ambientes internos e externos.

Uma análise cuidadosa da situação humana como um todo mostra que o processo de secularização de suas instituições religiosas, sociais e culturais se desenvolveu muito rapidamente; ele aparece em atos de secularização quase com o mesmo grau de cegueira que mostrou quando sacralizou de forma prematura as mesmas instituições, numa fase anterior da história. A questão não é que o homem deva retornar do plano secular de vida para o sagrado, do tecnológico para o espiritual, para que a crescente expansão do si-mesmo possa encontrar um equilíbrio interno. É paradoxal, mas os métodos de realização tanto do santo quanto do físico, os dois extremos – no meio estão os métodos dos biometristas, psicometristas, sociometristas etc. – devem se encontrar e se mesclar antes que ocorra novamente uma diminuição da esperança.

Mas a expansão do si-mesmo do plano do organismo individual para o plano cósmico de regulador do universo não pode ser tomado como um processo de fria engenharia. Será um processo de realização, por e através do si-mesmo, de um movimento que vai de um plano inferior para um superior, tendo o tempo de cada movimento a dimensão de um ciclo histórico. Ninguém pode prever, por exemplo, quanto tempo e quanto esforço será necessário empregar para que o si-mesmo social, no plano da sociedade humana, alcance um grau de integração tão alto quanto alcançaram os indivíduos que historicamente se considera ter atingido o topo. Cada novo passo do si-mesmo em realização e expansão significará uma revolução total se o *status* do homem num plano superior for comparado com aquele vivido num plano mais baixo. O processo Eu-Si-Mesmo-Deus não tem, obviamente, relação com a ideia do Homem-deus ou com alusões antropomórficas similares. Não estamos preocupados com a divindade de um indivíduo específico, mas, para utilizar uma expressão religiosa, com a divindade do universo total, com sua autointegração.

O futuro do si-mesmo humano

Muitos autores têm assinalado que nos últimos séculos o orgulho humano relacionado ao seu *status* cósmico vem sendo reiterada e contundentemente afrontado. Copérnico mostrou que a Terra não era o centro do universo, que ela gira em torno do sol; que ela não passa de um grão de areia no espaço infinito, e é regulada por leis físicas assim como o resto do mundo. Com a teoria de Copérnico, esvaziou-se a supremacia do homem no cosmo. Darwin mostrou que a espécie humana faz parte de uma evolução biológica, descendente de macacos que se parecem com homens; e com isso se esvai a ideia do homem como uma criação especial. Marx mostrou que mesmo a história humana é determinada por movimentos de massa, de classes econômicas de homens; o homem individual, isolado da massa, é impotente. Mendel mostrou que a concepção do soma individual é determinada por genes. Freud mostrou que o psiquismo individual não obedece a vontade do homem, mas é produto de impulsos inconscientes. E finalmente a sociometria mostrou, pela descoberta de leis microscópicas que governam as relações humanas, que o homem não é livre nem mesmo na própria casa e na sociedade que ele mesmo produziu.

O indivíduo chegou ao ponto zero de sua significância. O veredicto cumulativo da ciência é que o universo em torno do homem pode caminhar sem ele. O homem é apenas um dos subprodutos do universo. Se ele faltar, nenhuma perda ocorrerá no futuro do mundo[5].

Quando, num dos momentos mais sombrios da história da humanidade[6], sua civilização religiosa ruiu sob os pés de exércitos em

---

5. Frequentemente se apresenta a ideia de que o mundo do homem é insignificante e de que a vida no planeta pode ser destruída acidentalmente. Há um sonho alternativo do homem, que é negligenciado, de sobrevivência e criação: que ele será capaz de criar um esquema pelo qual todo o universo poderia ser dominado e integrado ao *Si-Mesmo*.

6. 1920, ano em que foi publicada a primeira edição de *Das Testament Des Vaters*. Veja *The words of the father*, Beacon House, 1941 (em português, *As palavras do pai*), e também *The psychodrama of God*, Beacon House, 1947.

34 ■ J. L. MORENO

marcha, de soldados e companhias, meu primeiro impulso foi oferecer ao homem uma nova visão de Deus e ajudá-lo a ver, num relance, a religião universal do futuro, que eu tinha certeza de que iria, de forma definitiva e permanente, unir todos os povos numa única comunidade.

No momento de maior miséria humana, quando o passado parecia ser uma ilusão, o futuro uma desgraça e o presente um passado fugidio, formulei, n'*As palavras do pai*, a mais radical antítese de nosso tempo, considerando meu "eu", o "eu" e o "si-mesmo" do fraco bastardo humano idênticos ao eu e ao si-mesmo de Deus, o criador do universo. Não haveria necessidade de provar que Deus existe e criou o mundo se os mesmos eus que ele criou participassem da criação uns dos outros. Nesse caso, se Deus estava fraco e humilde, preso e condenado à morte, estava, da mesma forma, triunfante. Na condição de Eu-Si-Mesmo-Deus, foi ele quem se fez não livre, para tornar possível, a partir dele, um universo de bilhões de seres igualmente não livres, dos quais ele seria também dependente. A ideia de Deus se tornou uma categoria revolucionária, removida do início dos tempos para o tempo presente, para dentro do eu, dentro de cada eu. O "Tu"-Deus do evangelho cristão precisaria vivenciar o encontro, enquanto o Eu-Deus do Si-Mesmo era autoevidente. O novo "eu" não poderia imaginar-se nascido sem que fosse seu próprio criador. Não poderia imaginar ninguém nascendo a não ser seu próprio criador. Nem poderia imaginar nenhum futuro para o mundo que não fosse seu próprio criador. Não imaginaria poder emergir algum futuro para o mundo sem que fosse pessoalmente responsável por sua produção.

Não tendo nenhum precedente na história da religião, aquele livro foi considerado pelos ateístas um teísmo antiquado e pelos teólogos uma repetição da Bíblia, mas os paradoxos de nossa idade científica o trazem de volta sob nova perspectiva. O homem tem produzido robôs que, por sua vez, aumentaram a dependência e a superfluidade do homem. Isso tornou sua existência física quase tão dispensável e irreal quanto Freud tornara sua existência psicológica. No decorrer desse progressivo autodesmembramento e autodes-

O TEATRO DA ESPONTANEIDADE ■ 35

truição, ele de súbito recorreu a um processo que quase reverteu o quadro. Tendo descoberto a energia atômica e inventado a bomba atômica, ele pode agora bandear-se para a direção oposta. Ele consegue saber como se destrói o universo do qual é um insignificante subproduto ou, pelo menos, a visão dessa possibilidade lhe sugere que, pela invenção de dispositivos ainda mais diabólicos, ele poderia molestar, por atos de violência, a estrutura física do universo. Pode ainda existir um longo caminho entre o destruidor do universo e o criador dele, mas entre eles há uma afinidade. Os extremos se tocam.

Outro aspecto desse novo desenvolvimento no campo da tecnologia física é que foi preciso repensar a importância do "eu", do *indivíduo isolado*. É possível, pelo menos na imaginação, que um cientista solitário delinquente venha a ter em seu poder algum dispositivo secreto capaz de fazer explodir o mundo.

Na questão da bomba atômica, também nosso relacionamento com o *tempo* passa a ter um novo significado. Pelo menos em termos psicológicos, a percepção do futuro fica reduzida quando se considera que o homem possui a condição de potencial destruidor do universo e de si mesmo, e que pode estar catastroficamente próxima a possibilidade desse ato de destruição do mundo. Poucas gerações atrás, a percepção média do futuro era de longa duração, de um desenvolvimento infinito, movendo-se pouco a pouco na direção de modos de vida cada vez mais renovados. A ideia da bomba atômica parece ter reduzido a extensão do futuro, como numa espécie de curto-circuito. Ela fez que a extensão infinita do passado se tornasse mais próxima, deixando o início do mundo mais familiar, trazido praticamente ao presente. Enfim, tornou a percepção do universo idêntica ou até menor do que tinham os gregos antigos quanto ao nosso planeta.

O mais surpreendente, porém, é que o si-mesmo do homem, que vem encolhendo nos últimos 100 anos, ou cujo *status* vem sendo reduzido pelas interpretações das descobertas científicas, tomou o rumo da realização e da *expansão*. Pode-se prever que a expansão do si-mesmo não vai parar enquanto uma nova religião mundial não reverter nem retificar de forma completa os abusos do passado recente. Existe mesmo uma crescente probabilidade de que a expansão do si-mesmo signifique mais que uma virada da maré, que *o homem domine de verdade o universo, num futuro remoto, tornando-se finalmente "criador"*. Isso confirmaria e faria verdadeira, ao revés, a tese do eu-criador, que criou o mundo no início das eras.

"No princípio era o verbo", diz o Evangelho de São João. "No princípio era o ato", exclama o Fausto de Goethe. Nós podemos ir além: "No princípio era o que faz, o ator; no princípio era eu, o criador do universo".

A origem do teatro

O *locus nascendi* do teatro

Quando se estabelece um ponto de referência para a origem de ideias e objetos, três fatores devem ser considerados: o *status nascendi*, o *locus* e a *matrix*. Eles representam diferentes aspectos do mesmo processo. Não existe nenhuma "coisa" que não tenha seu locus, nenhum *locus* sem seu *status nascendi*, nenhum *status nascendi* sem sua *matrix*. O *locus* de uma flor, por exemplo, é o solo onde ela cresce como flor, e não seu lugar no cabelo de uma mulher. Seu *status nascendi* é o de algo que cresce depois de brotar de uma semente. Sua *matrix* é a semente fértil. O *locus* de uma pintura é o seu contexto original específico. Se a pintura é removida para outro espaço que não o seu contexto original, ela se torna outra "coisa" – um valor secundário, intercambiável.

O *locus* de uma palavra é a língua da pessoa que a pronuncia, ou a linha na qual uma caneta a escreve pela primeira vez. Essa palavra, repetida, transforma-se em outro som, mais feio; o texto escrito, reproduzido na imprensa, transforma-se em algo que não é mais do que uma mercadoria. Sua singularidade se perde.

Do ponto de vista estrito da utilidade e da praticidade, não existe diferença entre uma pintura original e suas cópias. As palavras pronunciadas por um homem e suas reproduções impressas comunicam o mesmo conteúdo para quem vem de fora. Mas a existência de muitas cópias, idênticas ao original, cria uma impressão falsa de que há muitos originais, ou que o original e a cópia têm o mesmo significado. Pode até mesmo sugerir que não existe um original, apenas derivados.

É importante refletir sobre o processo interno de transformação que acontece quando se transfere uma expressão criativa de seu *locus nascendi* para novos lugares ou meios. Uma "coisa" passa a ser outra "coisa" – embora, devido a uma falha de linguagem, a mesma palavra possa ser usada para muitos objetos ou acontecimentos diferentes. Assim, o Davi de Michelangelo, em seu *locus nascendi*, é o "verdadeiro" Davi de Michelangelo. Colocado num museu, ele não é mais verdadeiro em si: está emprestado a uma composição de outra "coisa", o museu. Da mesma forma, um lírio na mão de uma mulher não é mais um lírio puro, mas uma extensão decorativa da mão dela, do corpo dela. A primariedade de uma coisa está no lugar onde ocorreu seu nascimento.

Pela geometria dos espaços, pode-se determinar o *locus* de uma configuração geométrica. Por meio da "teometria" dos espaços, é possível definir o *locus nascendi* de ideias e objetos.

Cada coisa, forma ou ideia tem um lugar, um *locus*, que é o mais adequado, o mais apropriado para ela, no qual ela tem a mais ideal, a mais perfeita expressão de seu significado. Pode-se determinar o *locus* ideal da carta, do livro, da linguagem e, da mesma forma, do teatro. A concretização deve corresponder à ideia da coisa. A representação do teatro deve, portanto, corresponder à ideia dele, sem o que sua essência estará distorcida. Uma carta, por exemplo, tem como *locus* ideal as mãos da pessoa a quem ela se dirige. Nas mãos de outra pessoa, um estranho, para quem a carta não foi escrita, os conteúdos ali expressos e suas respectivas implicações não expressas perdem o sentido, a carta está exilada, fora de seu *locus*.

O teatro convencional é um faz de conta – fora do *locus*. O verdadeiro *locus* do teatro é o teatro para a espontaneidade.

O TEATRO DA ESPONTANEIDADE ■ 39

Análise do teatro convencional[7] em relação com a categoria de momento

A estrutura interna do teatro é facilmente reconhecível quando se considera o nascimento de uma produção teatral específica. No teatro rígido, "dogmático", o produto criativo é dado: ele surge já na sua forma final, imutável. O dramaturgo não está mais presente porque seu trabalho está divorciado dele. Sua obra, a criação da qual ele foi a verdadeira essência, em momentos que já passaram, apenas retorna para privar o momento presente de qualquer criatividade própria, viva. Por isso, os atores têm de abrir mão de suas iniciativas e de sua espontaneidade. Eles são meros receptáculos de uma criação cujo momento de verdadeira criatividade já passou. O dramaturgo, o ator, o diretor e a plateia se acumpliciam numa interpretação mecânica do momento. Eles se submetem ao desfrute de uma atuação extratemporal, sem momento. O valor que se afigura como supremo nada mais é do que a doação espiritual de alguém que já morreu.

Nesse sentido, o drama é coisa do passado, uma realidade superada. O teatro convencional é, na melhor das hipóteses, dedicado ao culto do morto, de acontecimentos mortos – uma espécie de rito da ressurreição. Assim, a instituição do teatro, para criar ao menos um simulacro da realidade presente, a partir do nada, deveria se tornar um *deus ex machina*. Seus reformadores, incomodados com o declínio de sua arte e com a diminuição do seu apelo público, não foram capazes de descobrir o cerne de seu mal, porque não conseguiram ver que a patologia de nosso teatro é parte de um processo maior de desintegração, a patologia de nossa cultura como um todo, da qual o sintoma mais característico é a "conserva cultural". O drama conservado é um exemplo disso. Os produtos finais do teatro – as cenas da peça, o diá-

---

7. Moreno usa originalmente o termo *legitimate*. [N. E.]

logo – tomam conta da mente dos supostos agentes criadores (os atores) antes que o drama chegue a uma representação concreta, fazendo que os atores sejam não criativos justo no momento crucial de sua atuação. Não importa se o trabalho foi escrito por um dramaturgo vivo ou morto, nem mesmo se o próprio autor se torna o ator de sua criação. A representação é sempre uma criação feita no passado. Vistos desse ângulo, o *status nascendi* de um drama, o movimento, a direção, o figurino e o cenário, tudo passa a ter importância secundária.

A tarefa de construir o *locus* original do teatro é apresentada aqui por meio de quatro soluções: o teatro do conflito, ou teatro crítico; o teatro da espontaneidade, ou teatro imediato; o teatro terapêutico, ou teatro recíproco; e o teatro do criador.

Primeira parte

O teatro do conflito

O teatro no palco e no público, ou teatro grupal

A força do teatro e do drama não está no palco, no ator; nem nos bastidores, atrás do palco, no produtor ou no dramaturgo; ela reside no público, diante do proscênio. O espectador se transforma em ator uma vez que ele entra em conflito com as pessoas que atuam no palco — com a não espontaneidade delas (conserva dramática) e com a não privacidade (papel).

O espectador espontâneo salta para dentro do palco e o velho ator, convencional, reage. A arte do ataque (espectadores), voltando-se contra a arte da defesa (atores), resulta em conflito.

O teatro do conflito é portanto um teatro que comporta dois teatros. Ele decorre da ruptura entre o teatro que está no palco e o teatro do público. Há dois polos positivos em ação, o teatro que tenta estabelecer uma arte dramática baseada no princípio do passado e o teatro segundo o princípio do momento. O teatro que está no palco é um teatro do passado; o teatro do público é o teatro da espontaneidade. Duas forças eternamente hostis agem uma sobre a outra. O teatro um e o teatro dois expressam, produzem, um novo teatro, um terceiro teatro, o teatro do conflito. O drama emerge da ruptura entre eles, de seu conflito recíproco. Todo drama no palco tem um drama do conflito correspondente, específico. No caso do teatro convencional e da estrutura que lhe é inerente – produtor, dramaturgo, ator – o drama do conflito que lhes corresponde consiste em *espelhar* a estrutura do teatro e dissolvê-la. Mas a crítica, à medida que adota um procedimento analítico, se torna produção, porque é drama e não análise dele. É uma crítica partida do criador e não do analista. Em suas mãos, a própria análise se faz criação.

A participação da plateia e o diretor da plateia

Para a equipe de produção teatral, a transformação do audioego em audioator, da plateia em plateia-teatro, representa um novo campo de experimentação. A participação da plateia deve ser gradativamente liberada do caos e da falta de regras e conduzida para atender a regras estéticas. A liderança é atribuída a determinado membro da plateia, o diretor da plateia, paralelo ao diretor do palco no cenário. Em torno dele, o diretor da plateia, reúne-se um grupo ativo de espectadores, enquanto a grande maioria permanece num papel passivo. Às vezes, entretanto, toda a plateia é ativa.

A divisão da plateia numa parte passiva e em outra ativa, em egos-chave e membros do grupo, faz sentido devido ao seguinte arranjo: os líderes da plateia se parecem, no teatro da espontaneidade, com certos espectadores que têm no teatro convencional uma autoridade anônima, os críticos – embora estes a tenham *depois* do espetáculo. Esses egos-chave comandam a plateia na batalha contra os atores. De ambos os lados, as duas forças se organizam da melhor maneira, assim que começa o espetáculo. Os atores no palco, de um lado, e os representantes da plateia, de outro, dão início à primeira cena, enquanto o movimento da plateia, o coro geral, interfere e "coatua" em momentos cruciais. Os críticos formam às vezes uma equipe de atores da plateia e podem receber exercícios e treinamento para suas tarefas. De testemunha, o próprio crítico se transforma em ator.

O teatro/drama de conflito não pode ser desempenhado sobre um palco apenas; são necessários dois palcos, pois o conflito teatral mais antigo coloca os dois eternos agentes um contra o outro: ator e espectador.

O drama da plateia

A peça intitulada "A divindade como comediante" é um exemplo de drama da plateia. Essa peça foi representada no palco do teatro para a espontaneidade.

Produção: *Kinderbuehne* (teatro infantil), 1911
O dramaturgo
O espectador
Eu (J. L. Moreno)
Todos os espectadores – a plateia

O cenário foi preparado para a representação da peça "Os feitos de Zaratustra", de autor anônimo. Entra o ator no papel de Zaratustra. Assim que ele começa a atuar e pronuncia suas primeiras frases, um espectador sobe ao palco. O ator é tomado pela surpresa, as cenas e os diálogos que se seguem são imprevistos.

Espectador (olhando para o ator): Seus olhos não são os olhos de Zaratustra. Onde estão as rugas e a velhice de Zaratustra? Onde estão sua corcunda e seu sofrimento?
Ator olha para cima, aturdido e embaraçado.
Espectador (tira do bolso um papel): Neste anúncio do teatro está escrito: "Esta noite vamos encenar 'Os feitos de Zaratustra'. Sua vida será representada". Ninguém pode fazer isso senão o próprio Zaratustra. (*Dá um salto*) Senhor, qual é o seu nome?
Ator: Zaratustra.

Espectador: Tem certeza?

Ator: Eu sou e não sou – uma vida em duas horas.

Espectador: Duas horas não bastam para as 100 mil dele.

Pausa.

Espectador: Como esse papel entrou em você? É possível que Zaratustra observe, de sua tumba, a ressurreição de sua vida em seu corpo pequeno e estrangeiro. O morto não pode reagir. Ator, deixe o vivo viver e o morto continuar morto. Zaratustra está aqui no lugar errado. Eu vim para chamá-lo. Saia do seu papel e deixe que ele volte a ser ele. Hesita? Imagine algo pior e mais perigoso para si. Zaratustra não morreu! Ele continua vivendo, em algum lugar na Terra, neste momento. Vive nesta cidade e caminha todos os dias pelas ruas e praças que são nossas conhecidas. Ou, para deixar bem claro a você: ele veio ao teatro esta noite. Está sentado na plateia, agora! Ali! Todas as noites ele vê a máscara e a caricatura de sua vida aparecendo no palco. Por favor, pare com isso. Ele chega por aquela entrada lateral (*o espectador assume o papel do Zaratustra real e se atira ao solo*). Ele se ajoelha e se enrola em seus joelhos (*faz isso, como o faz um ego-auxiliar*) e...

Ator (interrompe o espectador e continua seu pensamento, sarcasticamente): Ele implora para que eu pare, ordenando-me que desempenhe meu próprio papel em vez do papel dele, para que eu me espelhe em vez de espelhá-lo.

Espectador: Esse é o conflito entre Zaratustra, o espectador, e Zaratustra, o ator.

Ator: Qual é a sua? Por que você se mete na minha briga com Zaratustra? Por que ele precisa de um advogado?

Espectador: Meu problema é esse, e esse é o problema de todo mundo nesta plateia. Não teme que eu possa ser o próprio Zaratustra? Pois bem, eu sou.

Ator: Como posso me libertar – e a toda a plateia – desse papel? Não fui eu quem o criou. O final de minha cena cai na minha cabeça. Onde está meu assassino?

O dramaturgo entra em cena.

O TEATRO DA ESPONTANEIDADE ■ 47

*Dramaturgo:*Você atuou mal esta noite, Zaratustra! Qual é o problema?

Ator: Estou procurando meu assassino. Meu médico acaba de diagnosticar um distúrbio grave em minha mente. Quem é você?

Dramaturgo: Eu sou o autor desta peça.

Ator: Anjo caído, finalmente você chegou. Cure-me depressa, eu sou uma vítima da sua arte.Você conhece Zaratustra (*ele arranca a máscara e, com o rosto abaixado, volta a ser ele mesmo, uma pessoa singular*).

Dramaturgo: É verdade (*olhando para a máscara no solo*). Eu o criei.

Ator, como pessoa singular: Quero que todos os papéis, de todos os heróis do palco, voltem para você, pai perverso. Por que permite que a sua maldade entre no meu sangue e em meu corpo? Seja você seu próprio ator.

Pausa.

Terminada a cena, um dos atores chamou-me e perguntou por que eu permanecera em silêncio diante daquela blasfêmia. Levantei-me da cadeira em que estava sentado, na plateia, e me encaminhei rumo ao palco.

*Eu:*Vejo com surpresa e anuncio ao mundo o teatro perfeitamente real, pela primeira vez na história, desde que ele chegou, uma dádiva divina. O teatro costuma espelhar os sofrimentos alheios, mas aqui, no Teatro da Espontaneidade, ele encena nossa própria aflição. Até agora ele esteve em pecado, servindo a falsos deuses, mas agora se produz a si mesmo como espetáculo. Até agora o dramaturgo traía o ator, o ator traía o espectador, mas agora todos se tornaram um. Neste louco festival provocado pela revolta da plateia contra o dramaturgo e os atores, nós externamos a forma mais elevada de riso. É um drama criado pelo oposto dele.

Dramaturgo: Isso seria o fim do teatro.

Eu: Sim, e, no entanto, seguramente não. Antes que seja possível a restauração do teatro genuíno e criativo, todos os seus elementos e suas partes precisam ser destruídos, peça por peça, até os seus fundamentos mais primários e antigos. É uma condenação da máquina total do teatro e a restauração do caos. Mas quando, ao final dessa revolução teatral, nada restar – dramaturgos, atores e espectadores desapareceram –, do caos do nascimento do teatro, em sua forma não diluída, será possível uma nova inspiração: o teatro do gênio, da imaginação total, o teatro da espontaneidade.

Dramaturgo: Percebo, agora, que eu sou um engodo, um falsificador. Mas não é possível levar uma peça se não for escrita. Ser é ser. E escrever é e será eternamente algo vulgar.

Eu: Todos os teatros do passado, tudo que foi feito, são passos preparatórios para o tipo de teatro que temos aqui esta noite. Esse é o drama final.

Dramaturgo: E quem vai escrevê-lo?

Eu: Este é o drama do qual cada um é seu próprio dramaturgo, ator e plateia. O "verbo" não está no princípio, mas no final.

Dramaturgo: Entendi.

Eu: Se você, ou qualquer pessoa da plateia, quiser produzir de novo seus dramas do passado aqui, neste palco, eles vão exercer sobre você, o original e permanente herói, e sobre cada pessoa na plateia, um efeito cômico, liberador e purgador. Ao representar você mesmo, você vai se ver em seu espelho no palco, exposto como você é, para toda a plateia. É esse espelho que provoca o riso mais profundo tanto em você quanto nos demais, porque você vê seu próprio mundo de sofrimentos passados dissolvidos em fatos imaginários. De repente, ser não é mais duro e doloroso, mas cômico e divertido. Todas as suas tristezas passadas, explosões de raiva, desejos, alegrias, êxtases, vitórias, triunfos, ficaram vazios de tristeza, raiva, desejo, alegria, êxtase, vitória, triunfo, ou seja, esvaziados de toda razão de ser. Você pode se perguntar agora: eu sempre fui esse cara? (O mesmo poderia ser dito por cada um de vocês, amigos atores e espectadores). Existiu mesmo aquele que age e fala? Isso pode ser um assunto para que os deuses

O TEATRO DA ESPONTANEIDADE ■ 49

decidam. Mas o riso interminável que supera tanto fracassos quanto vitórias toma conta do público.

Pausa.

Ator: Seria bom saber a origem do riso.

Eu: Penso que o riso começou quando Deus se viu. Foi no sétimo dia da criação que Deus, o criador, olhou para trás, para os seus seis dias de trabalho, e desatou a rir, a rir de si mesmo.

Ator: Essa é também a origem do teatro.

Eu: Sim, enquanto ele ria, rapidamente se formou um palco sob seus pés. Ele está aqui, embaixo de nós.

Essa peça tem sido representada em muitas outras versões. Uma segunda é a seguinte: um ator, no papel de Zaratustra, aparece no palco. Um espectador que acredita piamente que o Zaratustra verdadeiro está atuando diante dele corre do auditório para o palco. Muito desapontado, descobre que foi enganado. Mas, quando o ator Zaratustra insiste na ilusão e retruca que é verdadeiro, começa uma discussão. Um psiquiatra que está presente no teatro e a plateia tomam o partido do ator. O espectador parece quase derrotado quando subitamente o dramaturgo entra em cena, muito aborrecido com a pessoa que perturbava a encenação. Mas o ator, convencido, demanda do dramaturgo também, que ele o aceite e o admire como o verdadeiro Zaratustra; o dramaturgo, pai desse papel, insiste no seu direito e afirma ser o criador da peça e o inventor do Zaratustra. O ator, ferido em sua mais profunda vaidade e consciência, se volta contra o dramaturgo, acusando-o de tê-lo traído, substituindo sua pessoa singular por outra imaginária. Nesse momento, a plateia e o palco são inundados por raios e trovões, o que leva a uma mudança no palco. O espectador desaparece, a máscara de Zaratustra cai do rosto do ator e vai mudando aos poucos para se transformar em Charles Meyer, quem ele é na realidade, que mora na rua Chambers, dois semáforos depois. Ele está em seu quarto e conversa com o dramaturgo, que também se tornou ele mesmo, Tony Collins, discutindo com ele a curiosa mudança que acaba de acontecer a ambos. Nesse momento, o diretor da plateia sobe ao palco e dissolve suas dúvidas. O homem que apareceu como espectador no palco não era exatamente um espectador, era o Zaratustra real, que não deu conta de ver exposta uma caricatura sua. Tudo termina em riso e comédia, o teatro da espontaneidade abre as portas ao público.

O teatro da plateia é um teatro comunitário. É a comunidade dentro da qual surgem as peças e os atores que as produzem e, de novo, não se trata de alguma comunidade, uma comunidade *in abstracto*, mas nosso bairro e nossa vizinhança, a casa na qual nós vivemos. Os atores não são mais um povo qualquer, pessoas *in abstracto*, mas nosso povo, nossos pais, mães, irmãos e irmãs, nossos amigos e vizinhos.

Os dramas que nos interessam não são aqueles que amadureceram na mente dos artistas, mas chegaram muito antes, brotaram no cotidiano, na mente de pessoas simples. Em outras palavras, lidamos com o drama num nível em que uma clara separação entre o estético e o terapêutico não faz sentido e, muito antes, a distinção entre individual e universal se torna uma conclusão precipitada. É uma comunidade de atores sem uma plateia como categoria especial. Sua espontaneidade e criatividade são nossa preocupação principal. Sua sinceridade e integridade significam mais do que sua capacidade artística. A catarse se movimenta do espectador para o ator e novamente do ator para o espectador.

Segunda parte

O teatro da espontaneidade

O metateatro

A estrutura arquitetônica

O contador de histórias começa, as crianças rapidamente se reúnem em volta dele. Ele fica no meio do grupo. Temos diante de nós a imagem original do teatro. A separação estrita entre o palco e a plateia é uma marca característica do teatro convencional. Isso se evidencia tanto pela forma dual como pela relação entre o que se produz no palco e os espectadores. Com a dissolução do contraste entre atores e espectadores, porém, o espaço total se torna o campo de produção. Cada parte dele deve refletir o princípio da espontaneidade, nenhuma delas deve ser excluída.

No centro do espaço está localizado o palco dos atores espontâneos. Ele não fica na parte de trás de nenhuma extremidade do espaço, escondido como se fosse cenário de *peepshow*[8]. Ao contrário, é construído de tal forma que todas as partes podem ser vistas de todas as poltronas. Não é construído ao fundo, rente ao solo, mas erigido na vertical. Ele sobe. Suas costas não são protegidas por cortinas, ele não procura ajuda nem se defende atrás delas, não existe para onde

---

8. Espécie de pequeno monóculo onde se vê, como num buraco de fechadura, ao fundo, fotos, paisagens ou pornografia. [N. T.]

retroceder. Partindo do palco central há degraus em forma de anfiteatro. Esses degraus levam a palcos especiais que se localizam em meio ao próprio auditório, em cada nível do anfiteatro, prontos para serem utilizados por espectadores-atores que queiram entrar na atuação dramática. No teatro para a espontaneidade, toda a comunidade está presente. É o teatro da comunidade. É um novo tipo de instituição que celebra a criatividade. É o lugar onde a vida é testada, o forte e o fraco – através da cena. É o lugar da verdade sem restrições. Cada um mostra aquilo que pode. É o teatro de todos, o crepúsculo do ser e da realidade, onde a própria realidade é testada quanto à sua "realidade". Não é um criador rodeado por uma multidão inativa que o escuta nem o teatro de um único homem; é o teatro de todos para todos. No teatro, todos os homens são mobilizados e se movem do estado de consciência para um estado de espontaneidade, do mundo de ações, pensamentos e sentimentos concretos para um mundo de fantasia que inclui a realidade potencial. Eles se movem da coisa em si para a imagem que abarca a coisa potencial. Os valores da vida são substituídos pelos valores da espontaneidade. Hoje, o teatro é visto em um único polo, o palco. O outro polo, a plateia, é deixado no escuro durante a apresentação, não apenas de forma concreta mas também simbólica. A divisão da comunidade em duas partes, atores e espectadores, rompe e divide também em duas partes a ilusão e o prazer estético, que só fazem sentido quando em unidade, como mãe e filho, marido e mulher, atores e espectadores. A nova arquitetura do teatro deve ser construída segundo ambos os lados, o palco e a plateia.

O elenco

Num teatro para a espontaneidade, o elenco é toda a plateia e não apenas uns poucos atores profissionais. Esta nova situação tem de encontrar uma expressão adequada na *estrutura arquitetônica do auditório*.

O TEATRO DA ESPONTANEIDADE ■ 55

Para o ator espontâneo, a questão é, portanto, eliminar plateias. Ele não deseja ser visto ou ouvido, ele quer co-agir e inter-agir com todos. Ele não quer ninguém em volta dele, reduzido ao *status* de espectador; ele não suporta ser reduzido a uma peça de mostruário. A vontade de criar é totalizadora e inclusiva. Mas para submergir completamente na dimensão de um papel, ele suspende sua própria natureza, seu destino, seu ideal de si mesmo, sua personalidade privada. Ele abre mão de seu personagem, a verdade mais essencial dentro dele, os fundamentos mais seguros do seu si-mesmo, para conquistar para o si-mesmo o indivisível mundo da fantasia.

As duas "metazonas"

Objetos belos são possíveis apenas numa natureza fora da natureza, num mundo fora do mundo da existência bruta, no qual nada mais é possível senão a liberdade. A beleza é alcançada por uma espécie de processo anestésico aplicado à natureza como um todo. A dor é retirada da existência. Depois de sua eliminação, a imaginação criativa, irrestrita, pura ilusão, se torna livre. É um mundo bonito que parece ter sido obtido sem esforço.

A teoria estética deriva suas conclusões do estudo de coisas "criadas" – obras de literatura, de música, esculturas e pinturas. Essas obras são coisas ou objetos cujo material é, de início, mecanicamente separado do artista – como as tintas e a tela do pintor, ou o material do escultor. Ou esse material faz parte inicialmente do criador artístico, mas ele os separa de si quando termina o processo de criação. Por exemplo, a criação de palavras de um autor é parte inerente de sua personalidade antes que ele decida separá-las de si e externá-las na forma de um livro. As associações musicais constituem parte inerente do compositor antes que ele decida externá-las por meio de anotações na forma de uma composição musical.

Não ocorre com frequência, a esse tipo de artista, que ele concentre a atenção inteiramente em si, preocupado em não abrir mão de qualquer partícula da composição, aplicando toda a sua energia criativa na intensificação do si-mesmo, para que a composição se torne, por si só, um objeto de beleza. Mas, da maneira que as coisas são, ele é como Buda – voltado contra si mesmo.

Ao lado de uma ordem de objetos belos que emergem por meio de uma separação do seu criador, pela qual eles ganham existência e permanência, há uma segunda ordem de objetos belos. Dançarinos, acrobatas e praticantes de ioga carregam seu material não no espaço, fora deles próprios, mas dentro de si, dentro de seu corpo. Eles transformam o corpo por meio de uma gravidez autoinduzida, sem procurar separar-se de seus filhos imaginários. Estes surgem e perecem nos momentos de criação. Eles não tentam existir sem seu criador – não almejam uma vida independente e individual, como as produções feitas de palavras, tintas, música e pedra.

Pode-se verificar uma situação semelhante a esta no contraste que existe entre o ator que faz um papel no teatro convencional e o do teatro da espontaneidade. Em ambos os casos, não apenas o corpo, mas também a psique, a inteligência e o espírito, o si-mesmo total, tornam-se material do gênio criativo. Porém, a relação com o material é diferente em cada caso. O artista do teatro convencional deriva o papel que ele desempenha de uma fonte diferente. O papel lhe é atribuído pelo dramaturgo, ele o aceita e começa a operar na esfera da criatividade, deixando de lado algumas partes do si-mesmo e admitindo outras, uma vez que parecem encaixar-se no papel. A configuração do papel termina e fica pronta nele *antes* de chegar o momento da representação.

A arte da espontaneidade não utiliza o princípio da organização antecipada do processo de assunção do papel. Permite-se que o processo de criatividade emerja em estado natural em qualquer fase do desenvolvimento desejado pelo artista. O corpo imaginário (papel) emerge no momento mesmo da representação. Só o momento decide se o papel deve existir ou não. As incorporações momentâneas não foram estabelecidas por nenhuma armadilha, dispensam cuidados e são livres da metafísica. A liberdade inteligível, formulada por Kant, é aqui invertida: não se trata da "coisa em si" subjacente ao mundo dos fenômenos, ou das ilusões, ela *é*, ela se tornou aqui uma coisa final.

Os objetos belos de primeira ordem emergem portanto por meio de um *processo de separação*: os resultados são, por exemplo, os trabalhos de escultores e de pintores; psique e espírito projetam-se num material originalmente desprovido de arte.

Os objetos belos de segunda ordem emergem por intermédio de um *processo de entrega e separação*: por exemplo, nas obras de autores e compositores musicais, o espírito autogenuíno e o material autogenuíno são, no início, amalgamados e unidos a um organismo independente, dentro da pessoa do artista. No entanto, depois de separadas do produtor – como uma espécie de nascimento –, passam a ter vida externa própria.

Os objetos belos de terceira ordem emergem por um *processo de compilação consciente e sistemática*, aplicado ao seu si-mesmo. A produção do teatro convencional é um exemplo disso. O material genuíno do si-mesmo é amalgamado, com espírito vazio de arte, estranho ao si-mesmo, a um produto autossuficiente e autodesejado, que *não* é levado a uma separação externa do criador, embora carregue com ele uma vida interior permanente.

Os objetos belos de quarta ordem emergem por um *processo de espontaneidade e criatividade*: espírito e material genuínos do si-mesmo se unem.

Os primeiros três grupos de objetos estão no âmbito da estética. Eles podem estimular desdobramentos lógicos, éticos, físicos, psicológicos e sociais e, ao final, sugerem a construção de sistemas de metafísica. *A metafísica é o ponto de vista da coisa que é criada, o ponto de vista da criatura.* O "meta" do físico deveria permanecer separado do "meta" do não físico. *Bios*, psique e *socius* (metabiologia, metapsicologia e

58 ■ J. L. MORENO

metassociologia) podem demandar uma *Ding an sich* construída de maneira diferente da matéria física. A quarta ordem nos forçou a desenvolver uma nova construção. Seus fenômenos *são* o que *aparentam*. Eles são *das Ding an sich*, a "coisa em si". Nunca se divorciam dos atos originais de criação. Entretanto, o domínio do "meta" deve ser dividido em duas esferas heterogêneas: metafísica e meta-apraxia[9]. *A meta-apraxia é o ponto de vista do criador.*

Metapraxia

A metafísica é uma prescrição para a experiência. É como um procedimento judicial em que as ciências assumem o papel de advogados e a metafísica, o lugar do juiz.

A metapraxia, entretanto, não é uma chave para a experiência, mas a criadora da experiência, existe somente sem e fora da experiência fixada, é o *locus* do mundo potencial. Ela existe antes que o mundo tenha surgido e continuará existindo quando todo o mundo terminar, depois dele, depois de sua extinção. Tem sentido apenas para o não criado e para o extinto; quando não há ser, pensamento ou problema, nada permanece senão a praxia dos próprios criadores. Não é como a metafísica, o núcleo da ciência e do ser concretos. Dissolvem-se a polaridade e o contraste entre a coisa em si e os fenômenos, por um lado, ou entre os fenômenos e a criatividade, por outro. O caos posterior ao mundo (metapraxia) difere do caos anterior ao mundo somente num aspecto, ou seja, o mundo deve ser conquistado e eliminado.

A metafísica consiste em generalizações que dizem respeito a todas as manifestações especiais da existência. Mas o conteúdo da

---

9. *Metapraxie* [no original em inglês] deriva do grego *Apraksia*, que significa incapacidade de usar as coisas ou de entender para que elas servem.

O TEATRO DA ESPONTANEIDADE ■ 59

metapraxia é apenas o processo criativo em si. Ele não está sujeito ao desenvolvimento, a causa e efeito, às regras de indução e dedução. A metapraxia não é nem uma filosofia dogmática nem crítica, é uma filosofia da pura criação. Milhões de mundos imaginários são igualmente possíveis e reais, de valor idêntico ao do mundo no qual vivemos e para o qual se construiu a metafísica. A metapraxia consiste em generalizações que dizem respeito a todas as manifestações especiais de não existência. A metapraxia, como sistema de mistério iminente, não pode ser expressa. Ela não é nem lógica nem antilógica, nem psicológica nem antipsicológica, nem física nem antifísica, nem empírica nem antiempírica; ela é imperceptível, indiferenciada, irracional. Ela não tem lugar neste mundo até que ele seja eliminado. Ela não é possível em nenhum outro mundo, salvo depois de sua eliminação. Nosso mundo está para quem pratica o "meta" como um desenho está para o quadro negro, ele toma o apagador e apaga o mundo. O fato de que o desenho do mundo desaparece quando sonhamos é deveras satisfatório do ponto de vista da metapraxia. A prova estritamente científica de que o mundo acabou seria indesejável. Ela privaria o princípio da criatividade de uma ferramenta. A polaridade entre realidade e ilusão é indispensável para a metapraxia, a ilusão de um mundo real é tão importante quanto a realidade de um mundo ilusório. O maior triunfo da imaginação e da criatividade é modificar a superfície do mundo de tal forma que ele pareça bonito, embora a existência e a dor de existir continuem ali sob ele.

Para alcançar um sistema de metapraxia, precisaríamos remover toda a fenomenologia, todos os seres, todas as coisas, todos os objetos, inclusive ilusões, sonhos, visões e artes, porque todos eles, por serem estragados pela experiência, são produtos mesclados e portanto moralistas, psicológicos, estéticos e não metapráticos. Depois de removidos todos os fenômenos e suas armadilhas, o que resta é a metapraxia. No caso, por exemplo, de uma ideia metaprática de linguagem (poderia ser uma espécie de metaprática lógica), todos os fenômenos

60 ■ J. L. MORENO

da linguagem natural deveriam ser banidos. Uma pessoa que dirige a atenção ao plano mais alto da linguagem não conseguiria expressar-se nas linguagens que a natureza desenvolveu. Ela seria completamente expressiva por meio de sinais e gestos ou desistiria de qualquer forma de comunicação.

A metapraxia é a vida da imaginação e da criação, a produção de entidades pessoais infinitas. Nela, todo o universo desaparece momentaneamente, da mesma forma que um momento singular desaparece em nosso mundo. Ela é todo-poderosa e pode, por um momento, se assim o desejar, transformar o mundo metafísico numa existência ilusória. *A metapraxia é o lugar no qual nossa eterna pergunta a respeito da liberdade da vontade obtém uma resposta adequada.*

Dramaturgia experimental

O princípio

O contraste entre o teatro que nós conhecemos e o teatro da espontaneidade está no tratamento diferenciado que cada um dá ao momento. O primeiro procura apresentar ao público suas produções como criações terminadas e definidas; o momento é ignorado. O outro procura produzir o próprio momento e, de quebra, criar a forma e o conteúdo do drama como partes integrais dele.

O teatro convencional pertence ao mundo das aparências; suprime a "coisa em si" (*Ding an sich*), o processo espontâneo criativo em *status nascendi*. Devido ao caráter extramomentâneo de sua criação, o teatro convencional tem sua metafísica num tempo que já passou, fora dos contornos do palco. O trabalho dramático, quando foi criado durante os momentos fugazes do passado, não era nem mesmo algo do presente, porque não o mirava. Ele rumava para a um momento futuro, o de sua representação no palco, e não ao de sua criação. Uma representação espontânea mostra as coisas somente como elas são no momento em que são produzidas. Ela não se dirige a nenhum momento passado nem futuro.

O conceito espontâneo criativo de momento possibilitou novos métodos de produção. Enquanto o teatro convencional situa o processo da espontaneidade nos bastidores (no espaço) e anteriormente à apresentação (no tempo) – concentrando-se na elaboração do texto, na criação e no estudo dos papéis, no desenho de cenários e do figurino, na formação do elenco e nos ensaios –, o teatro da espontaneidade traz perante o público os processos primários originais da espontaneidade, não reduzidos e com todas as fases da produção. Aquilo que no teatro convencional acontece atrás das cortinas – a verdadeira "coisa em si", o processo espontâneo criativo, o "metateatro" – agora toma o palco. Todo o trabalho artístico ocorre diante de nossos olhos, *status nascendi*, numa sequência que é o contrário de tudo que se viu antes: a gênese da ideia, a concepção e o desenho do cenário, a distribuição dos papéis e a metamorfose do ator – nessa ordem.

Diretrizes de produção

Há três formatos de teatro aos quais se presta um experimento baseado na filosofia do momento:

- o teatro da espontaneidade, como arte dramática do momento;
- o jornal vivo, ou jornal dramatizado; e
- o teatro terapêutico[10], ou o teatro de catarse.

O teatro da espontaneidade é um veículo organizado para a apresentação do drama do momento. O dramaturgo está no papel principal. Ele não é meramente um escritor – na verdade, ele não es-

---

10. Esses três formatos foram criados e praticados durante os três anos de existência do Teatro da Espontaneidade de Viena (Vienna Stegreiftheater), de 1922 a 1925. O primeiro jornal vivo nos Estados Unidos foi apresentado no Guild Theatre, em Nova York, no dia 5 de abril de 1931, sob a direção do autor.

O TEATRO DA ESPONTANEIDADE ■ 63

creve nada –, mas um agente ativo, confrontando os atores com uma ideia que poderia estar se delineando em sua mente há algum tempo, aquecendo-os para uma produção imediata. O papel dos dramaturgos é em geral assumido por um dos atores, que se faz dramaturgo e protagonista ao mesmo tempo.

O jornal dramatizado ou "vivo" é uma apresentação das notícias do dia na forma como elas acontecem. É uma síntese entre o teatro da espontaneidade e o jornal. A intenção é tornar espontânea a expressão no palco, tanto na forma (*impromptu*) quanto no conteúdo (notícias do dia). Esse jornal tem outra vantagem, do ponto de vista da arte do momento: a absoluta evidência para os espectadores, e não simplesmente para os atores (como acontece em algumas formas do teatro da espontaneidade), da verdadeira espontaneidade que tem, devido ao caráter de notícias do dia do material representado. Um bom jornal dramatizado procura produzir as notícias assim que elas são captadas pelos repórteres; nesse caso, a produção pode mudar de conteúdo o tempo todo.[11]

O teatro terapêutico utiliza o veículo do teatro da espontaneidade para finalidades terapêuticas. O protagonista é um paciente psiquiátrico, sendo que o caráter fictício do mundo do dramaturgo é substituído pela estrutura do mundo do paciente, real ou imaginário.

O primeiro passo, em todos esses formatos, é a seleção do material inicial. No primeiro caso, pode ser a ideia do dramaturgo; no segundo, a notícia fornece o material; no terceiro, ele é proporcionado pela entrevista, que dá pistas a respeito do principal sintoma do pa-

---

11. Nesse sentido, o jornal dramatizado apresentado em Viena foi uma verdadeira antecipação dos programas "Movietone News", "March of Time" e "Living Newspaper", da WPA, assim como dos modernos programas radiofônicos de notícias. Entretanto, o caráter de conserva dessas formas mecânicas contraria totalmente o princípio da espontaneidade e, em certo sentido, o "Movietone News" e o "March of Time" não são tão revolucionários quanto parecem; a impressão enganosa deriva do aparato técnico, seja ele filme, rádio ou qualquer outro. Devem ser considerados, por isso mesmo, réplicas da expressão convencional.

ciente. Num laboratório psicodramático voltado para a experimentação da espontaneidade, faz-se necessário algum tipo de departamento editorial, no qual esses primeiros passos são preparados e organizados. A experimentação e a análise são os principais instrumentos da pesquisa da espontaneidade. Um experimento de espontaneidade não pressupõe o equipamento teórico e prático do teatro como hoje o conhecemos: começa como se o teatro convencional nunca tivesse existido. Ele não procura destruir; ao contrário, caminha para a frente, sem restrições, por uma nova estrada. Tendo em vista seus métodos de ação, o historiador da psicologia, no futuro, deverá considerar o laboratório da espontaneidade, de 1921 a 1924, o avanço mais importante no campo das investigações comportamentais depois de Fechner e Wundt.

O teste de espontaneidade

Em sua fase preparatória, o teatro da espontaneidade se torna um laboratório psicotécnico. O diretor prepara o terreno para as produções; essa etapa do trabalho é estritamente exploratória. Ele monta as várias situações experimentais ou de teste. Os padrões que os atores evidenciam ao produzirem são tanto situações e papéis que eles mesmos desejam produzir e que, de alguma forma, já têm dentro de si, como situações ou papéis nos quais têm pouca ou nenhuma experiência. Com esses testes de atores espontâneos aplicados a um grande número de situações e papéis, pode-se construir uma escala que mostre os graus comparativos de espontaneidade e de prontidão para diferentes situações e papéis. O material obtido com esses testes de espontaneidade pode ser utilizado para interpretação diagnóstica e como abertura para o desenvolvimento da espontaneidade dos indivíduos nas funções, nos papéis e nas situações às quais tenham demonstrado um estado rudimentar – seria uma espécie de treinamento da espontaneidade.

O TEATRO DA ESPONTANEIDADE ■ 65

Depois de testar um grande número de indivíduos, constatamos que a aptidão para o trabalho espontâneo comporta variações. Existe uma espécie de talento para o trabalho espontâneo. Há indivíduos cuja espontaneidade é, de modo geral, superior à de outros, da mesma forma que existem indivíduos que parecem mais talentosos apenas quanto a algum desempenho específico.

Essa espontaneidade à qual um indivíduo pode recorrer quando diante de papéis ou situações que lhe são totalmente estranhas – comparada com o nível de espontaneidade demonstrado por muitos outros indivíduos quando enfrentam situações que lhes são igualmente estranhas – determina o seu *quociente de espontaneidade*. O quociente de espontaneidade de um indivíduo não acompanha necessariamente o aumento ou a diminuição do seu quociente de inteligência. Há muitas pessoas com alta inteligência e baixo grau de espontaneidade geral (embora possam ser bastante espontâneos em determinadas linhas). O sentido para a espontaneidade parece ser muito menos desenvolvido se o compararmos com outras funções mentais desses indivíduos, tais como a inteligência e a memória. Isso acontece, provavelmente, porque na civilização de conservas que vimos desenvolvendo a espontaneidade é muito menos utilizada e treinada do que, por exemplo, a inteligência e a memória. O sentido para a espontaneidade, como função cerebral, mostra um desenvolvimento mais rudimentar do que qualquer outra função importante do sistema nervoso central. Isso pode explicar a assustadora inferioridade do homem quando confrontado com táticas de surpresa.

O estudo de táticas de surpresa em laboratório mostra a flexibilidade ou a rigidez dos indivíduos quando confrontados com incidentes inesperados. Tomadas pela surpresa, as pessoas reagem atordoadas ou temerosas. Produzem reações falsas, quando não nulas. Parece não haver nada para o que os seres humanos estejam menos preparados, e o cérebro humano menos equipado, do que para a surpresa. O cérebro normal reage de modo confuso, mas nossos testes psicológicos quanto à surpresa demonstraram que as pessoas fatigadas, com nervosismo acumulado e mecanicistas são ainda mais incapazes – elas não apresentam reações prontas nem organizadas, nenhuma reação inteligente a oferecer diante de golpes súbitos que surgem do nada. As condições de alta organização tecnológica e cultural coincidem em nível alarmante com uma crescente imobilidade de pensamento e de ação.

Isso também explica por que atores do teatro convencional e seus dramaturgos raramente conseguem fazer qualquer trabalho espontâneo. Para representar ideias e estados espontâneos, os indivíduos devem passar por um treinamento específico. Este visa produzir pessoas que aprendem a incorporar as próprias inspirações e a reagir às inspirações dos demais rapidamente.

É importante que o diretor estude os resultados de todos esses testes e experimentos. A constante familiaridade com tais situações e com seus respectivos resultados lhe permitirá incrementar conhecimentos e habilidades. Não obstante toda essa preparação preliminar, e toda essa organização da habilidade e do conhecimento, o desempenho propriamente dito é o produto espontâneo, livre e não premeditado do diretor e dos seus colaboradores. A informação técnica é estranha às situações do palco. O conhecimento técnico entra em ação apenas para o enriquecimento constante da espontaneidade do grupo e da interação mútua, com um suprimento sempre disponível de situações novas e não premeditadas.

Esses experimentos podem ser chamados de *testes de espontaneidade*. Eles conduzirão, gradativamente, a uma nova concepção da ciência do teatro. A situação do ator e do espectador mudou e, assim, seu relacionamento mútuo deve merecer uma nova interpretação.

Centenas de testes de espontaneidade foram realizados nesse laboratório e muitas produções foram apresentadas para as plateias e em colaboração com elas. Dia após dia os resultados desses testes vêm sendo interpretados e analisados. Isso permite uma massa de conhecimento sistemático que viabiliza uma teoria da espontaneidade e criatividade fundamentada em experimentos concretos. E viabiliza, posteriormente, a invenção de métodos e técnicas capazes de melhorar a habilidade e os recursos do indivíduo, um processo chamado *treinamento da espontaneidade*.

Algumas das teorias e técnicas mais significativas são aqui esboçadas, no âmbito das *formas*, das *relações interpessoais*, da *representação* e do *tratamento* de enfermidades mentais.

A ciência das formas

A diferença analítica entre o ator espontâneo e o ator dramático

O texto da peça – um produto da mente – é apresentado ao ator. Ele consiste em palavras. O ator não deve opor sua mente (secundária) a esse produto: deve sacrificar-se a ele. O papel se coloca diante dele com uma individualidade própria. Ele é forçado a se ajustar, de tal forma que se transforma em dois indivíduos. Um deles é seu si-mesmo, privado e oculto, e o outro si-mesmo é o papel que ele deve assumir. É como se ele sempre fosse arrancado da própria pele para entrar na do papel, para então voltar à sua novamente. É uma situação trágica essa, na qual ele se encontra. Ele pode se autoenganar e enganar uma plateia crédula, mas a linguagem e o nível mental de Shakespeare ou de outro dramaturgo do seu nível nunca pode ser totalmente recriado. A profunda angústia de palco experimentada por muitos dos maiores atores é causada pelo conflito entre o si-mesmo privado e o papel que lhe foi imposto, entre a criatividade espontânea e a conserva teatral.

Em vez de personificar a si mesmo, o ator personifica algo que já foi personificado pelo dramaturgo, na forma de um papel. Há três possíveis relações entre um ator e seu papel.

- Na primeira, ele se trabalha dentro do papel, passo a passo, como se fosse uma individualidade diferente. Quanto mais ele encolhe seu si-mesmo particular, mais consegue "viver" o papel. Nesse caso, o papel é como a personalidade de alguém que ele poderia querer ser, em vez de ele mesmo. Sua atitude diante do papel é de identidade.

- Na segunda, ele encontra um ponto intermediário entre sua concepção do papel e aquela do autor; sua atitude, nesse caso, é de integração sintética.

- Na terceira, contrariado, ele força o papel específico a se encaixar em sua individualidade e distorce as palavras escritas do dramaturgo para um estilo pessoal seu. Nesse caso, sua atitude é de desfiguração.

A linguagem do dramaturgo é o principal estímulo ao qual reage toda a personalidade do ator. Seu comportamento não é genuinamente criativo, mas *re*criativo. A maneira como ele assimila o material do papel é centrípeta – do material, fora dele, para si, o centro. É o processo exatamente oposto ao do escultor e do pintor: o material está fora deles, no espaço. As ideias lhes vêm à mente e eles vão até o material. No caso do ator, a ideia está fora dele, no espaço, e entra nele como se ele fosse o material.

Já o ator espontâneo é centrífugo. O espírito do papel não está no libreto, como acontece com o outro ator. Não está fora dele, no espaço, como acontece com o pintor ou com o escultor, mas é parte dele.

O ato criativo

Antes de começar a discutir esse assunto, seria bom considerar o uso dos termos "consciente" e "inconsciente". Para uma mente que está sempre criando, a distinção entre consciente e inconsciente não existiria. O criador é como o fundista, para quem, no ato de correr, a parte da pista que ele já percorreu e a que está à sua frente são, qualitativamente, uma só.

Assim, a distinção entre consciente e inconsciente não tem lugar numa psicologia do ato criativo. Ela é uma *logificatio post festum*. Fazemos uso dela como ficção popular, apenas para esboçar uma ciência dos personagens do ato improvisado.

O inconsciente, espécie de reservatório permanente, algo "dado", do qual emergem os fenômenos mentais e ao qual eles eternamente retornam, é diferente do significado que atribuo aqui ao inconsciente. O inconsciente é um reservatório enchido e esvaziado pelos "indivíduos criadores" de modo contínuo. Foi criado por eles e pode ser, portanto, desfeito e substituído.

A primeira característica do ato criativo é sua espontaneidade. A segunda é o sentimento de surpresa, do inesperado. A terceira característica é sua irrealidade, que tende a modificar a realidade dentro da qual ele surge: algo que precede e vai além da realidade dada está operando num ato criativo.

Enquanto o ato de viver é um dos elementos do nexo causal do processo de vida de uma pessoa concreta, o ato espontâneo criativo faz parecer que por um momento o nexo causal foi interrompido ou eliminado. Se você telefona para o dentista porque está com dor de dente, o ato de telefonar serve ao impulso de preservar o seu corpo; nesse caso, o ato é um momento no processo de causalidade vital; mas se você age "como se" estivesse telefonando para o dentista, você na verdade está se usando, seus impulsos, o telefone, o dentista, como material estratégico para um objetivo ficcional.

Observe-se que a frase popular "a vida é um teatro" é frequentemente mencionada de forma distorcida.[12] Os papéis desempenhados na vida e aqueles desempenhados no palco têm uma similaridade apenas superficial; quando analisados com mais cuidado, eles têm um significado totalmente diferente. Na vida, nossos sofrimentos são reais, bem como nossa fome e nossa raiva. É o que faz diferença entre

---

12. Em seu *The theatre in life*, Evreinoff comete esse erro.

realidade e ficção. Ou, como Buda afirmava: "O que é terrível de ser é agradável de ver".

A quarta característica do ato criativo é que ele significa um agir *sui generis*. Durante o processo de vida nós muito mais somos atuados do que atuamos. Essa é a diferença entre a criatura e o criador. Mas esses processos determinam não apenas condições psíquicas: produzem efeitos miméticos. Paralelamente às tendências que trazem certos processos para a consciência, há outros que levam à sua incorporação mimética. É a quinta característica do ato criativo.

Na encenação espontânea criativa, as emoções, os pensamentos, os processos, as sentenças, as pausas, os gestos e os movimentos parecem inicialmente quebrar, de modo informe e anárquico, um ambiente ordenado e uma consciência estabelecida. Mas, no decorrer do seu desenvolvimento, fica claro que eles estão juntos, como se fossem tons de uma melodia ou células de um novo organismo. A desordem é apenas uma aparência exterior; internamente há uma força impulsora consistente, uma capacidade plástica, a necessidade de assumir uma forma definida, o estratagema do princípio criativo que se une à astúcia da razão para concretizar uma intenção imperiosa. O poeta não tem dentro de si complexos, mas germes de forma, e sua meta é um ato de nascimento. Portanto, ele não está apenas seguindo um padrão, mas pode alterar o mundo de modo criativo. Esse foi o erro da psicanálise, o de não ter compreendido os processos que ocorrem nos artistas como fenômenos específicos do ego criativo, como se este tivesse derivado suas formas e seus materiais quase exclusivamente da história biológica e sexual de sua pessoa particular (complexos).

Quando o poeta cria um "Fausto" ou um "Hamlet", a pedra de toque de sua criação é seu corpo. A semente germinal de seus heróis vem à tona, e suas qualidades físicas e espirituais se desenvolvem lado a lado. O corpo e a alma são igualmente importantes. Quando termina o trabalho de criação, o herói frutifica num ser todo completo, não numa pálida ideia, mas numa pessoa real.

O estado de espontaneidade

O agente do improviso, poeta, ator, músico, pintor, encontra seu ponto de partida não fora, mas dentro de si, no "estado" de espontaneidade. Não se trata de algo permanente, nem estabelecido e rígido, como o são as palavras escritas e as melodias, mas fluente – fluência rítmica, levantar e cair, aumentar e diminuir –, como os atos vivos. No entanto, diferente da vida. É o estado de produção, o princípio essencial de toda experiência criativa. Ele não é dado, como o são as palavras e as tintas. Não é conservado nem registrado. O artista do improviso deve aquecer-se, deve alcançá-lo subindo a montanha. No momento em que ele toma o caminho do "estado", este se desenvolve com força total.

A espontaneidade é uma entidade psicológica distinta. O termo "sentimento" não o expressa, porque os "estados" não decorrem meramente do medo, da ansiedade, da raiva e do ódio, mas de:

- complexos como polidez, rudeza, leveza, altivez, astúcia, que são estados de sentimentos do artista em reação a uma situação externa; ou de
- condições como limitações pessoais e embriaguez.

Além disso, o "estado" não surge automaticamente; ele não é preexistente, mas gerado por um ato de vontade. Decorre de uma decisão própria. Não é criado pela vontade consciente, que costuma agir como barreira inibitória, mas por isso de uma liberação, que é, de fato, a verdadeira fonte da espontaneidade.

Termos como "emoção" e "condição" também não explicam plenamente a ideia, pois os "estados" motivam quase sempre não apenas um processo interno, mas também uma relação externa, social – ou seja, uma correlação com o "estado" de outra pessoa criativa. Se a técnica do estado de espontaneidade for aplicada ao teatro, uma nova arte teatral se desenvolverá.

O caráter dual do estado de espontaneidade

Os estados de espontaneidade são em geral caracterizados pela divisão em duas partes: no aquecimento para um estado o fluxo costuma ser comprometido, com a interferência da inércia ou de um contrafluxo. A causa da ruptura está no si-mesmo. O estado é afetado pelo espelhamento do si-mesmo no ato. O racional do si-mesmo leva a uma produção de imagem que tenta interferir nos sentimentos que mobilizam o ator. O si-mesmo aparece no aquecimento para um estado espontâneo dividido em um ator espontâneo e um antagonista (participante) observador interno. Essa divisão é extremamente importante no trabalho terapêutico, além de ser também, no teatro, o fundamento dinâmico tanto do fenômeno trágico como do cômico.

Tem-se observado no trabalho de espontaneidade que é mais fácil para o ator espontâneo representar o cômico — sátira e caricatura — do que o trágico. Ele pode fazer o cômico com o estado dividido, sendo que, na verdade, a divisão é mais feita pela plateia. Ela o ajuda a representar os fenômenos mentais superficiais, sem que os níveis mais profundos sejam totalmente integrados à representação. Deve-se a essas inconsistências o fato de o ato cômico despertar muitas reações diferentes.

O estado de espontaneidade, quando se representa uma ideia cômica, não é um estado genuíno em sua verdadeira uniformidade, mas uma espécie de reflexo dele. O raciocínio contraditório e o espelhamento de emoções opostas podem ter lugar e prosperar dentro do ato cômico, aparentemente equilibradas e suavizadas, o que não é possível no âmbito do ato trágico. O ato trágico concentra-se em um estado de cada vez, excluindo todos os outros. É um ou-ou. O ato cômico não leva a sério nenhum estado, mas mistura-os, tanto um quanto outro. Se, numa forma trágica, for necessário retratar um novo clima, a ideia deve passar por todos os níveis mais profundos da personalidade para que possa receber uma expressão adequada na superfície. Diferente do cômico, em que: é possível ir tocando um

O TEATRO DA ESPONTANEIDADE ▪ 73

grande número de experiências, sem tê-las digerido por completo. Aliás, a digestão completa pode até mesmo impedir o cômico de se expressar. As diferenças entre um e outro residem no variado número de barreiras que precisam superar. O ato cômico emerge apesar de o ego criativo do ator estar ainda cheio de barreiras e inibições não superadas. A ação trágica, por outro lado, para que possa prosperar, precisa ter removido todas as barreiras e inibições do seu caminho, ou seja, os fatores que interferem no ato trágico específico a ser encenado. Ele não precisa incluir todos os outros motivos trágicos de que uma personalidade é capaz.

No decorrer do treinamento da espontaneidade de atores, não é aconselhável enfatizar as tarefas cômicas que misturam uma emoção com outra, uma ideia com outra. O treinamento de atos trágicos, muito mais difíceis de encenar, deveria ser o objetivo primordial. Eles são uma espécie de fertilizante e, em longo prazo, a expressão cômica também vai se beneficiar de seu cultivo.

O *status nascendi* e a ideia de perfeição

Há um fato muitas vezes negligenciado: o trabalho artístico que chega ao público – seja ele um poema, uma sonata, uma pintura ou uma estátua – nem sempre tem essa forma rígida que parece ser permanente e irrevogável. A forma final chega ao mercado, mas seu processo de criação tem um valor mais significativo na experiência humana do que se costuma reconhecer. O objeto artístico não passa a existir como as partes de uma máquina que podem ser montadas mecanicamente. A forma final deve ser referida a uma série de antecedentes. Diversos esboços a precederam, e alguns deles podem ter tanto valor quanto o que foi por fim escolhido.

O *status nascendi* é também quase nunca um estado perfeito. As tentativas anteriores decorrem da mesma inspiração que o estágio final. O esboço não é um fragmento; ele contém o trabalho como um todo. A atenção do artista é dirigida para o todo, com maior ou

74 ■ J. L. MORENO

menor força, em cada etapa da criação. Portanto, a diferença entre o trabalho terminado e um rascunho anterior não faz parte da essência da coisa. Houve um processo de comparação; o resultado depende do "valor" que o artista atribui a certas fases do trabalho que vão tomando forma dentro dele. Essa avaliação é tarefa sua. Ele pode inclusive parar em qualquer fase da produção, mas prossegue "corrigindo" até que esteja pronto. Fica a seu critério fazer sua obra chegar o mais perto possível de algum ideal de perfeição que ele estabelece. O autor, como o pai maldoso do conto de fadas, não tem condescendência com os filhos. Ele mata o primogênito em benefício do caçula.

O mundo em geral desconhece as formas iniciais de um determinado trabalho. Se fossem conhecidas, dificilmente o veredicto estético popular não seria diferente da decisão do artista. Há fragmentos das obras de Hoelderlin e de Blake que superam em beleza a forma final do mesmo motivo. Há leitores que valorizam o "Fausto" original de Goethe mais do que o "Fausto" da forma final, autêntica, a grande obra construída com tanto esforço. Quantas formas intermediárias poderiam ter existido entre o primeiro e o último "Fausto" que sequer conhecemos! Goethe fez sua escolha usando o direito de pai, de poeta e talvez de produtor. Se ele tivesse a vida eterna e o poder criativo de um anjo, nunca teria terminado seu "Fausto".

Uma das funções do teatro para a espontaneidade é acolher sob suas asas essas obras de arte abortivas. Ele é o santuário do filho enjeitado, mas, por assim dizer, somente dos filhos que não desejam viver mais do que uma vez. Ele não oferece imortalidade; ao contrário, oferece o amor da morte. Isso faria que nossos bons autores escrevessem menos e atuassem mais, porque ao escrever tentamos perpetuar algo que pode ter valor naquele momento, mas não depois. Muita energia e esforço mental devem ser despendidos antes que surja sutilmente uma forma viva. *Après nous, le poète.* Muitas aventuras fracassarão antes que apareça um poeta. Nesta época, muitos se arvoram em poetas, mas seria mais adequado chamá-los de bons aventureiros. Nossa tendência é depreciar a experiência da aventura, prestigiando o produto.

Dramaturgia e criaturgia

Desde sempre, a dramaturgia tem sido uma atividade paradoxal. Se o dramaturgo tentasse atuar o que vai dentro dele, seria levado ao riso pagão, tal a fatuidade do drama projetado e a crueza da produção do palco. Porque seu drama já encontrou seu palco interior, e está ainda sendo encenado lá; seu palco é sua alma. Se nos fosse possível sentir, ouvir e viver esse drama, simultaneamente ao dramaturgo, estaríamos sentados diante do palco real, na verdadeira estreia. Mas o dramaturgo faz um acordo com o produtor e tenta, com toda seriedade, levar ao palco físico, *post hoc*, o que já havia sido encenado e tinha tido seu palco uma única vez na vida.

De um lado se tem sempre o que foi criado, e do outro, aquele que cria. Nossa preocupação imediata é com o teatro criativo, puro, no qual cada fato acontece uma vez e nunca mais. Adotar e adaptar uma obra de arte para o palco é correr contra a natureza da ideia clássica do teatro. Os métodos atuais de produção teatral estão destruindo até mesmo o tipo de teatro dogmático, criado, porque esse teatro preocupa-se em reproduzir fielmente cada palavra. Seu valor depende da reprodução fidedigna. É a justificação da vida que já se foi; é um exemplo moderno do culto aos mortos, do culto da ressurreição e não da criação.

Os apologistas do teatro tradicional moderno afirmam que as produções são únicas em si mesmas, sendo portanto obras de arte. O texto escrito está subordinado à *maquinaria* do teatro.[13]

---

13. Reinhardt e Tairoff são os produtores que mais têm defendido esse tipo de arte teatral. Veja o livro de Tairoff, *Das entiesselte Theatre*, publicado por Gustav Kiepenheuer, Berlim, 1924.

Nossa resposta a eles é que essa obra de arte de que falam resulta de um processo de compilação. É um bom exemplo de algo que não é nem arte do momento nem arte de restauração. Como um produto híbrido, ele está engajado numa constante reconstrução das circunstâncias e procura substituir o sentido pela composição habilidosa e pelas maravilhas da tecnologia. O moderno teatro é *Kinoid*[14]: assim como no cinema o filme é cortado e editado, a peça também o é.

A matriz do teatro do improviso (*Impromptu Theatre*) é a alma do autor. Entreguemo-nos à ilusão de que as figuras do drama, que estão em processo de produção, se tornam visíveis, audíveis e tangíveis. Nessa encenação ideal, todas as condições são cumpridas: o ato de criação é contemporâneo da produção. Existe harmonia entre a situação e a palavra.

O objetivo da "dramaturgia" é fazer disso uma ciência e estabelecer leis que a governem. Por outro lado, a "criaturgia" não está preocupada com os fatos contidos nas peças nem com as leis que podem decorrer delas. Ela se preocupa com o próprio drama da criação.

Enquanto a dramaturgia vai atrás do drama, a criaturgia deve funcionar junto com ele. Uma figura após outra, as *personae dramatis*, vai surgindo na alma do autor e se pronuncia. Se imaginarmos o autor como algo externo aos tipos que saíram dele, podemos observar o seguinte processo. Cada uma dessas *personae dramatis* cria-se a si mesma, cabendo ao poeta combiná-las num todo unificado. Temos aí o conceito básico da representação improvisada. O autor deve ser considerado um estrategista e cada uma de suas *personae dramatis* é um ator do improviso. Mas enquanto o drama se constitui, na mente do autor, num ato singular unificado de criação, no caso do *Impromptu* aquilo que até então era meramente virtual se torna real; cada ator do improviso é, na verdade, o criador de sua *dramatis personae*, e o pro-

---

14. Em alemão, *Kino* = cinema; *Kinoid* = semelhante ao cinema.

dutor de improviso (chamado de autor) deve sintetizar o processo de cada *dramatis personae* numa nova totalidade.

Uma nova técnica de produção se faz necessária, em vista da dificuldade intrínseca de combinar várias ações à medida que elas vão surgindo, a fim de compô-las de tal maneira que não entrem em choque e, ao final, uma peça interessante seja produzida.

A criaturgia tem relação com as leis segundo as quais pode surgir uma peça em que aparecem duas ou mais pessoas, enquanto elas estão simultaneamente empenhadas em representá-la. Três questões importantes se colocam:

1. Como garantir o tempo de cada um nessa colaboração?
2. Que posições no palco devem assumir as *dramatis personae*?
3. Como os atores devem cooperar, de modo que possam criar uma obra de arte teatral, independentemente de seu desempenho individual?

Não se pode desconsiderar o tempo dos atores, sua posição no palco e a sequência de suas ações: cada caso particular demanda um padrão de velocidade (tempo), um padrão de posição (espaço) e um padrão de sequência (unidade). Em outras palavras, são necessárias notações de tempo, espaço e coordenação. Uma vez presentes esses três requisitos, tem-se as condições para uma produção (Teoria da Harmonia). O mais difícil no comportamento autoral é garantir ao mesmo tempo a integridade da peça e a integridade do ator. Deve-se superar muita resistência, pelo menos durante o período de criação. Essa resistência é a soma de todos os padrões do ator, sua personalidade "particular". É preciso conseguir eliminar o corpo-mente-individual do seu comportamento concreto. Num plano mais elevado, os místicos e os monges enfrentam problema semelhante, a eliminação e a extinção gradativas de toda a pessoa particular, no processo de santificação. Só que, nesse caso, a solução não é temporária, mas eterna.

78 ■ J. L. MORENO

Análise do ato criativo e das formas criativas

Ao testar um grande número de sujeitos, chegamos à conclusão de que o ator espontâneo defronta com quatro formas de resistência, que devem ser superadas a fim de alcançar estados de espontaneidade:

- resistências que decorrem de suas ações corporais, durante a representação dos papéis;
- resistências que decorrem de sua personalidade particular, na produção de ideias;
- resistências que decorrem de ações corporais, ideias e emoções dos outros atores que trabalham com ele;
- resistências advindas da plateia.

As duas últimas são resistências interpessoais. É atrás e debaixo dessas barreiras e resistências que reside o grande e verdadeiro teatro de inspiração e produção poéticas.

Depois da análise das resistências individuais ou culturais, vem a análise do formato das peças. Temos constatado que determinadas ideias são facilmente representadas por quase todos os atores. Por outro lado, há enredos que parecem difíceis. Quanto mais perto do final da produção, mais ela se torna fácil e rápida. Para compreendermos melhor isso, podemos visualizar a linha de desenvolvimento por meio da qual ocorre o processo de criação, desde a etapa do *status nascendi*, passando pelos estágios intermediários, até a fase final.

Os padrões de unidades criativas, quer tenham origem na personalidade particular do ator ou na cultura à qual ele pertence, se situam em vários estágios de desenvolvimento. Se há no indivíduo uma unidade criativa bem próxima ao seu *status nascendi* – ou seja, numa condição mais amorfa –, a produção espontânea pode ser lenta e corre-se um risco maior de que ela apresente uma aparência forçada e distorcida. Isso não é, entretanto, a regra geral. Há criadores para

O TEATRO DA ESPONTANEIDADE ■ 79

os quais o percurso entre o *status nascendi* de uma obra e sua fase final é bastante curto, como acontece com as crianças e com os artistas primitivos. Há outros para os quais esse percurso é extremamente longo, caso de compositores de obras de arte monumentais, como Beethoven e Wagner. Quando se exige determinada atuação muito cedo ou de maneira abrupta, a tensão do indivíduo é maior do que se a exigência ocorresse quando ele estivesse no ponto certo. Da mesma forma, a tensão será quase nula se o desempenho for exigido bem depois da obra finalizada, porque o indivíduo ultrapassou o pico de seu processo de aquecimento.

Esse fenômeno pode ser exemplificado nas formas coletivas compostas de símbolos acabados, tais como contos de fadas, contos populares e muitas formas de comédia primitiva. Um conto de fadas se compõe de símbolos com uma expressão acabada em todo indivíduo adulto que vive numa cultura na qual o conto específico se produziu. Cinderela e Branca de Neve, por exemplo, sintetizam nos atores espontâneos que as estão representando símbolos acabados, sendo assim possível um rápido e fácil aquecimento. Isso, entretanto, tem pouca relação com o talento individual, e se refere muito mais à espontaneidade social ou "coletiva". Tal aspecto é patente nos indivíduos que foram doutrinados, na infância, com esses símbolos de contos de fadas que eles agora representam no teatro da espontaneidade. A quantidade de espontaneidade necessária à sua produção é muito pequena. A produção vem facilmente para eles.

Da mesma forma, certas categorias de indivíduos conseguem representar com facilidade um chiste espontâneo, ou piadas em relação às quais desenvolveram afinidade cultural. Os mesmos atores podem se sair extremamente mal em seu trabalho espontâneo de tipo mais individualizado, dependendo de esse trabalho se basear mais na espontaneidade individual do que na coletiva.

O diretor de produção pode se beneficiar bastante da análise das formas culturais e de sua efetividade diante de determinado público. Atribuir papéis a determinado ator é uma tarefa com a qual

80 ■ J. L. MORENO

ele depara muitas vezes ao dia no trabalho espontâneo. Se ele está consciente da organização mental de cada um de seus atores e do grau de desenvolvimento, dentro deles, dos papéis culturais e individuais que lhes são atribuíveis, fará suas escolhas com razoável acerto. Uma das características da produção artística é que a assim chamada "obra de arte" se desenvolve ao longo de uma série de etapas. É muito raro, por exemplo, que um poema seja escrito numa só sentada. Mais raro ainda que uma novela ou um drama encontre sua forma final já na primeira versão escrita. Uma escultura que não foi finalizada, interrompida numa das etapas intermediárias, é chamada de "torso". A questão é, quando se fala de torso, que a obra pode não apenas estar incompleta, mas também defeituosa e indesejável.

Em toda produção espontânea, o que tem significação maior não é a obra terminada do artista, mas exatamente esses estágios não terminados, o que requer do ator individual ou do dramaturgo disposição para colocar a obra em ação, traduzindo-a em movimentos, gestos, diálogos e interação. Se o ator tentar concretizar uma ideia criativa quando ela ainda está embrionária e prematura, a apresentação talvez não tenha força suficiente ou não cause uma impressão definida. A ideia pode ter ocorrido muito antes, no estado embrionário, mas com o decorrer do tempo a pessoa talvez tenha esfriado e perdido a inspiração. Outra situação comum é aquela em que o ator, embora esteja tentando concretizar uma ideia numa etapa madura, não consegue transmitir boa impressão porque ele mesmo não está ainda aquecido – ou seja, é seu processo de aquecimento que ainda está em estado embrionário. Ele pode até conseguir, mas dará a impressão de algo limitado ou forçado. Vemos aqui que *para a concretização de uma unidade criativa existe um momento ótimo, que é mais favorável.*

Temos observado que isso é verdade tanto para ideias que são partilhadas pelos indivíduos que pertencem a uma mesma cultura – como contos de fadas, ideais religiosos etc. – como para ideias que são significativas somente para um único sujeito ou para um pequeno grupo de pessoas. A escala individual de profundidade de produção segue mecanismos semelhantes aos da escala cultural geral de profundidade de produção.

O cultivo do torso e a consciência de seu valor estimularam o desenvolvimento de uma nova espécie de dramaturgo. Ele não escreve, ele é um provocador de ideias. Aquece seus atores para ideias que, ao mesmo tempo, estão amadurecendo dentro dele. Muitas vezes o próprio dramaturgo deve representar o personagem central de sua ideia, mas se ele está funcionando como ego-auxiliar-dramaturgo ou coator, para seus atores, sua intensidade e entusiasmo são transferidos para eles – que agem quase como se estivessem sob a influência de uma sugestão profunda.

O teatro da espontaneidade revolucionou a função do dramaturgo. Ele agora faz parte do teatro imediato. Seu ser subjetivo continua controlado pelo tema dramático que ele deseja produzir. Ele ainda não se libertou de tal tema, uma vez que ainda não está terminado. Inspirado, ele vivencia com muito mais força uma luta pela expressão – as dores do parto da criatividade – do que vivencia sua "obra de arte" propriamente dita. Enquanto o trabalho está ainda em sua mente, não terminado, o dramaturgo é o fenômeno total, o mais importante e interessante. Entretanto, uma vez completada a obra, sua individualidade pode perder toda a importância. Talvez isso explique por que a visão do dramaturgo, quando ele aparece no palco convencional no final da estreia de sua peça, é quase sempre o anticlímax, tornando-se muitas vezes objeto de riso.

A patologia do trabalho espontâneo

A pesquisa a respeito do ato criativo e da mecânica de produção é aqui apresentada apenas em linhas gerais. É necessário elaborar um programa sistemático de estudos para cada um dos problemas que surgirem no decorrer de nossa experimentação e cuja importância tem sido assinalada.

A pesquisa posterior demonstrou que há certos princípios que determinam a produção criativa e determinadas técnicas que estimulam e facilitam o desenvolvimento desses princípios.

O tempo, por exemplo, é um dos fatores sobre os quais se lançou uma nova luz. Nos estados de espontaneidade e nos atos criativos, o tempo tem um significado diferente daquele apresentado no teatro convencional ou na vida. A duração de um teatro convencional é longa demais para o teatro espontâneo, da mesma forma que a duração da vida real é longa demais para o teatro convencional. No trabalho psicodramático, faz-se necessário um encurtamento radical de todo o processo criativo. Aqui, os atos são mais ricos em inspiração do que os atos na vida ou no teatro convencional. Ao mesmo tempo, requerem uma velocidade maior de apresentação. Mas se forem representados muito rapidamente, de forma superaquecida, o resultado é um efeito distorcido sobre os coparticipantes, bem como sobre os espectadores. Por outro lado, eles podem ser apresentados de forma demasiado lenta.

A duração dos estados de espontaneidade é, portanto, não apenas um problema teórico, mas um problema prático importante. Condensar a inspiração num curto período, ou encurtar demais um ato, pode tensionar o ator. Ele também pode não conseguir manter por muito tempo um ato criativo na intensidade requerida. A intensidade do ato espontâneo não pode ir além de certo ponto, no tempo, sem que se enfraqueça. O ator deve fazer uma pausa, mais cedo ou mais tarde. Ele precisa ter o controle, ao mesmo tempo, do processo de pausar e do processo de fazer. Um ato é ritmicamente seguido de uma pausa. A tensão é seguida de relaxamento. Há uma duração da tensão e uma duração do relaxamento; ambos são mensuráveis. O ato espontâneo não deverá prosseguir quando o relaxamento ameaçar prevalecer. Em cada passo da atuação espontânea, há a perspectiva de uma crise criativa interior, física, mental, artística ou social. Esse fator é conhecido dos atletas, em especial dos pugilistas. Ocorre um fracasso psicológico muito antes do físico. Em geral, um processo de

O TEATRO DA ESPONTANEIDADE ■ 83

aquecimento insuficiente do perdedor pode ser o responsável pelo fim prematuro da luta. Quanto mais extraordinário e mais original for o tipo de estímulo criativo, maior será a demanda sobre o ator, mais ele vai ser forçado a mobilizar toda a espontaneidade possível para se adequar. A produção acontece em picos, com pausas intermitentes para descanso e recuperação.

No teatro convencional, o desenvolvimento do texto é preestabelecido em todas as fases. Cada uma das cenas anteriores prepara a final; assim, o teatro convencional não limita à cena imediatamente visível os efeitos sobre o espectador. É o efeito cumulativo de todas as cenas que vão sendo levadas ao palco, até determinado momento, que produz as expectativas definidas e as tensões no espectador naquele momento. Ao longo da peça, sua atenção está sendo modelada e dirigida de forma contínua. Portanto, uma cena é sempre mais forte em seu efeito do que ela é em si. Isso significa que, se dada cena é retirada do texto e apresentada de modo isolado, sem a experiência de todas as cenas precedentes, produz muito menos efeito e sentido do que quando vista no seu lugar correto no texto como um todo.

No teatro da espontaneidade, a situação é diferente, pelo menos em parte. O fator decisivo não é tanto a obra total, mas a força dos "átomos" cênicos individuais. Os atores não dependem de um *deus ex machina*, como um ponto, que venha em seu socorro quando se esquecem de uma palavra ou de um gesto em seu papel. Aqui eles não precisam preencher com palavras e gestos uma medida predeterminada, um tempo, mas devem atuar no momento, primeiro num e depois noutro. Assim que termina todo o processo, ele pode ser encarado como uma "obra de arte", uma "peça", mas nenhum dos atores sabe com antecedência, com certeza, qual era o padrão dos diferentes atos e cenas para combiná-los ao final. Os atos são separados um do outro; são feitos muitos esforços independentes e separados, formando uma cadeia de intuição que ilumina o caminho a ser pavimentado a cada momento.

A complexidade de um teatro da espontaneidade é, portanto, enorme. Não só o ator como o espectador experimentam momentos e atos, e não combinações inventadas de ideias. O espectador projeta determinados fatores na cena, dando ao enredo algum colorido próprio. Por outro lado, o produtor de um teatro da espontaneidade pode arranjar cenas e temas de tal modo que se possa aproximar de um desenvolvimento do caráter e da unidade da motivação.

O teatro-máquina e o princípio da espontaneidade

Assim como é possível estabelecer uma escala com quocientes de espontaneidade para indivíduos, descobri que é útil dispor todas as formas e combinações do teatro numa escala que mostre seus respectivos quocientes de espontaneidade. Essa escala vai de um extremo, cujo protótipo é o filme de cinema, ao outro, cujo protótipo é o teatro da espontaneidade.

Muito antes da invenção de máquinas, tais como a impressora e o filme cinematográfico, e de seu emprego como suporte para as conservas culturais, o homem tinha feito *de si mesmo*, do próprio corpo, o veículo das conservas; a mnemotécnica é um exemplo dessas conservas *somáticas*.

Ele desenvolveu também formas de teatro, entre elas o teatro de fantoches, que acompanharam de perto o princípio mecânico. Mas enquanto no cinema o momento da apresentação é 100% mecânico, na apresentação mecânica do teatro de bonecos entra o fator espontâneo humano, as emoções do diretor de bonecos que manipula os cordéis.

Numa escala de espontaneidade, o teatro de bonecos ficaria afastado alguns pontos do princípio mecânico tipificado pelo filme; nele há um quociente de espontaneidade, ainda que pequeno. Esse quociente de espontaneidade se torna maior em outras formas de teatro, no convencional, por exemplo. A peça tende a ser construída por meio de um cuidadoso ensaio mecânico; ainda assim, a esponta-

O TEATRO DA ESPONTANEIDADE ■ 85

neidade que goteja nele pode fazer que ela seja maior do que no teatro de bonecos. Os fatores da espontaneidade extra dependem, aqui, de um grupo de atores, e não, como no teatro de bonecos, de uma pessoa apenas, o diretor de bonecos.

A produção de um filme comporta duas etapas: a apresentação do filme para o público – e estamos falando aqui do momento da projeção – e a criação concreta do filme em tempo e lugar prévios. Essa parte, a criação do filme, corresponde à produção e à preparação de uma peça. A fase de apresentação do filme, que costumamos considerar a essência do teatro, é eliminada. Os atores vivos são ocultados da experiência do espectador. O que permaneceu foi uma tela preenchida com hieróglifos móveis atualizados. Como o livro, quando está no mercado – o que significa estar disponível para qualquer pessoa –, torna desnecessária a presença da personalidade viva do autor, o filme também suprime o processo real que permitiu sua existência. Para o filme, como no livro, o momento não tem significado; ele foi sequestrado de sua função criativa primária. Ambos podem ser repetidos indefinidamente, tal como um disco, seguindo o princípio que é característico de todas as conservas culturais: a supressão de um processo vivo, criativo. Isso vale se considerarmos uma composição musical, uma produção dramática representada por um grupo de atores ou a produção de uma sinfonia de palavras, uma novela ou dissertação científica. Cada uma delas é substituída por um maquinário de conservação.

Já mencionei as mudanças no quociente de espontaneidade de uma produção no momento da apresentação – à medida que se vai do extremo da escala, de conserva total, até a outra ponta, da espontaneidade total –, da qual o teatro da espontaneidade é exemplo. Os dois polos opostos da escala podem ser classificados como o princípio rígido e o princípio fluido. Na escala, próximos ao filme estão formatos como o teatro de bonecos. Ambos têm em comum a eliminação da surpresa do ator durante a apresentação.

Já um formato próximo do polo espontâneo é a *Commedia dell'Arte*. Ela não pode ser considerada um verdadeiro teatro da espontaneidade, no sentido atual, embora no início tivesse um caráter mais espontâneo. Se a analisarmos retrospectivamente, parece uma forma ingênua do teatro convencional. Tipos rígidos e sempre recorrentes, tais como Colombina, Arlequim e Pantaleão, ao lado de situações preordenadas numa sequência inflexível, eram essenciais na *Commedia dell'Arte*. As falas não eram escritas e é nesse aspecto que seu caráter improvisado se expressa; porém, pelo fato de se repetirem sempre as mesmas situações e sequências, os mesmos tipos de papéis, o caráter improvisado do diálogo, que prevalecia quando um elenco era novo, foi desaparecendo aos poucos à medida que se repetia determinado enredo.

Os atores se tornaram escravos da própria memória, do modo como criaram cada papel. Assim, depois de certo tempo (que no laboratório se pode prever com precisão), dificilmente uma frase de efeito ou uma brincadeira continuava sendo espontânea. Foi uma vitória da mnemotécnica, meio consciente, meio inconsciente, sobre a espontaneidade. Eles passaram a atuar com base numa memória defeituosa, o que acabava produzindo um mau teatro, assim como uma espontaneidade insatisfatória.

Trabalhavam sem um conceito de momento, ou de conserva cultural, e sem conhecer as implicações patológicas da espontaneidade. Com essas ferramentas, eles poderiam ter aferido seus processos de produção e impedido que se degenerassem, resultando no oposto do que procuravam realizar. A moderna teoria da espontaneidade, com suas técnicas baseadas na pesquisa experimental, permitiu que a espontaneidade funcionasse numa base sólida e crescesse gradativamente na direção de uma abordagem teatral tangível e viável.

Aprendemos que a conserva cultural não é um equívoco inevitável. Seu efeito embrutecedor pode ser corrigido. Em vez de fazer da máquina um agente da conserva cultural – o que seria o caminho de menor resistência e uma regressão fatal a uma escravização geral do homem num ponto que ultrapassa seu protótipo mais primitivo –, é possível fazer da máquina um agente e um apoiador da espontaneidade. Tanto o rádio quanto o cinema podem ser harmonizados com o desempenho espontâneo. Aliás, cada tipo de máquina pode, em vez de substituir a espontaneidade, estimulá-la.

A ciência das relações interpessoais

Técnicas para o ator individual

O ator, como indivíduo, precisa ser produtivo o tempo todo. A função da técnica é, por isso mesmo, administrar o momento e eliminar rapidamente todas as resistências interiores. Essa condição, que facilita o livre surgimento das imagens, o domínio das resistências interiores e o início da produtividade, tão difícil de ensinar por meios intelectuais, pode muito bem ser adquirida.

A primeira questão, "Como produzir espontaneidade?", pode ser respondida assim: "pelo treinamento da espontaneidade".

A segunda questão é: "Como é possível a ação coordenada de vários atores?"

Aqui vão algumas sugestões técnicas.

O diretor deve sempre pedir ao sujeito que focalize os estados espontâneos e não as palavras como processos puramente intelectuais, divorciados dos estados de espontaneidade. Existe uma propensão a atuar cerebralmente, "falando", simulando um estado de espontaneidade sem vivenciá-lo. É aconselhável não liberar as palavras antes que o estado de espontaneidade esteja aquecido para o foco. Mas deve-se tomar cuidado para não "superaquecer", tornando-o "embaçado".

Uma vez atingido esse estado, o sujeito tem de aprender a não perder o controle dele. No decorrer do diálogo, deve evitar ser autocentrado, não deve "driblar", como se faz nos jogos de futebol, mas compartilhar, agir e deixar agir.

Outra regra é desenvolver um conflito gradativamente, intensificando-o passo a passo, de modo que evite precipitar a expressão de algo que esteja apenas esboçado.

A parte mímica do ato espontâneo tem sentido centrífugo. O estado espontâneo precisa ser desenvolvido de dentro para fora. Já o sentido da linguagem é centrífugo com tendência a uma inversão centrípeta. O sentido medial é interceptado por um antimedial – o medial é o que torna possível a comunicação entre as pessoas por meio de sinais inconscientes. O ator se aquece de dentro para fora visando o estado de espontaneidade, mas no momento em que produz palavras ocorre um movimento inverso, antimedial. A produção poética dirige a atenção do ator para o centro do si-mesmo e ele se distrai, desviando a atenção da situação que está em torno dele, o que ocasiona um estilo amarrado de atuação.

A técnica da atuação interpessoal

Quando vários atores interagem na mesma situação, começa a operar a resistência externa. A pressão que vem de fora, causada por várias pessoas, é muitas vezes mais difícil de superar do que a resistência interna de cada um. Além disso, cada indivíduo também costuma sofrer resistências que vêm de dentro de seu próprio si-mesmo. A criatividade de um coator é obrigada, no momento da produção, a enfrentar a condição dissociada, ausente e antimedial de cada um dos outros coatores. A meta da criatividade interpessoal é dupla: ser produtiva e socialmente presente, estar aberta para a produtividade dos outros e, ao mesmo tempo, para a própria produtividade.

A correspondência e a comunicação entre vários atores espontâneos precisam, portanto, de um apoio elaborado. O melhor método para alcançar esse objetivo é o treinamento cooperativo.

Outra maneira é adotar um sistema de notação, sugerido neste livro como uma de suas muitas versões possíveis. Inventar notações interpessoais é mais importante que a forma particular sugerida.

O TEATRO DA ESPONTANEIDADE ■ 89

As razões que me levaram a essa invenção vão continuar a existir e também forçar os diretores pensantes do trabalho espontâneo a construir meios similares de comunicação.

Esse sistema de notação para os estados espontâneos e para a atuação interpessoal pode bem ser chamado de "álgebra do teatro". Ele é semelhante às notações da música. Vale a pena diferenciar notações para o si-mesmo das notações para a atuação interpessoal. Todo ator espontâneo engajado na produção recebe, da mesma forma que o músico engajado numa orquestra sinfônica, sua partitura e uma síntese do quadro total do trabalho criativo em curso.

Notações para os estados espontâneos, uma "matriz da ação"

Notações para o si-mesmo

Para expressar a condição do ator antes do início da ação, com a consciência no estado zero, é melhor utilizar o sinal zero (0). A identificação da consciência com o estado zero tem uma justificativa prática. Antes de se lançar num ato criativo espontâneo, o ator tem consciência de si mesmo e de sua situação de vida, que não contém, entretanto, nada do complexo criativo-situacional que ele terá de produzir em algum momento. É um estado zero do ponto de vista do estado prospectivo de criatividade.

Se o ator, seguindo as instruções do diretor, está mostrando ansiedade e recebe a tarefa de transformá-la em raiva, tem diante de si, na verdade, duas tarefas: uma delas é produzir um novo estado – a raiva; a outra é livrar-se do estado anterior – a ansiedade. A transição da ansiedade para a raiva pode acontecer de modo direto, num salto, ou indiretamente, a partir de um nível zero, depois de retornar a ele. Pular de um estado a outro pode ocasionar contaminações: o resíduo de um estado pode influenciar e distorcer o estado seguinte. Como sinal para o estado de espontaneidade sugiro o desenho de um ângulo voltado para cima: $\bigwedge$.

90 ■ J. L. MORENO

A linha do ângulo que está voltada para cima indica o aquecimento de um nível zero para o estado de espontaneidade, o vértice do ângulo, sua realização, e a linha descendente, a perda do estado, seu esfriamento e retorno ao nível zero. Uma vez aceito esse sinal, todos os outros do alfabeto da espontaneidade se desenvolvem logicamente. Se um mesmo estado for repetido logo em seguida, o sinal para ele é um ângulo duplo com linhas internas quebradas: /\/\. Se a repetição é contínua, por exemplo, cinco vezes, o sinal correspondente é: /\/\/\/\.

Na prática, o ator nunca retorna ao nível zero, mas fica no meio do caminho, fazendo pausas curtas. Em determinada altura, pode-se pedir a ele que produza um estado de raiva para diversas situações. Ele não deve produzi-lo como se fosse uma continuidade, mas em unidades rítmicas de tempo. Olhando de fora, a separação de uma unidade em relação a outra talvez seja difícil de notar, mas ela ocorre mesmo assim. Quando um estado não é repetido, mas evolui para um novo, imediatamente seguido por um salto, sem pausa, o sinal correspondente seria uma linha horizontal conectando as linhas internas do ângulo que aponta para cima, antes que elas retornem a um novo plano: /⌐\. Se, porém, o ator deve voltar até o ponto zero e subir novamente, o sinal é apenas dois ângulos verticais conectados: /\/\. Para dois tipos de estados de abertura, o tempo da abertura e do fechamento, no princípio ou no fim de uma situação, o sinal é um ângulo menor: /\, os tempos do começo e do fim são semelhantes durante toda a duração do estado (t/2 + t/2 = t).

Os experimentos mostraram que, na maioria dos casos, a tarefa de produzir um estado não deve ser limitada a forma e conteúdo, mas necessita de um tempo definido para que seja de fato efetiva.

Pressupõe-se que cada estado, situação ou papel tem, dentro de dada cultura, não importando o número de variantes, meios de expressão adequados ou inadequados e, uma vez que o fator tempo está envolvido nas situações, tem também uma duração ideal. Se demora demais pode sair do momento e perder sua função de espontaneida-

O TEATRO DA ESPONTANEIDADE ■ 91

de; se dura muito pouco seria incompleto, da mesma forma. Portanto, as produções que se situam antes ou depois do ponto de satisfação são em geral falhas.

Tem sido possível estudar metodicamente a duração ideal dos estados de espontaneidade e todas as variações da norma que podem ocorrer, determinando assim ambos os extremos da escala, quando se situam além ou antes da norma temporal. O ator precisa ser treinado para desenvolver o senso de duração ideal de um estado espontâneo. É óbvio que no teatro convencional esse problema não existe, pelo menos nesse sentido; todo tempo é fixado com antecedência e cuidadosamente ensaiado. A adequação de uma situação é feita pelo dramaturgo e, no período de ensaio, pelo diretor.

O estado espontâneo tem uma parte subjetiva e outra objetiva. A subjetiva, chamada de *forma* do ator, deriva tanto de suas condições internas – fadiga, humor – quanto da atenção que o público lhe dá. Há razões as mais diversas – difíceis de regulamentar ou antecipar – pelas quais o mesmo estado é desempenhado às vezes de forma mais longa, outras de forma mais curta, para produzir o maior efeito. A parte objetiva, entretanto, vem do fato de que todo conflito deve durar determinado tempo para que seja adequadamente desenvolvido, ou seja, nem super nem subdesenvolvido. Vamos chamar de *tempus* espontâneo (t) uma unidade espontânea elementar que seja expressada de modo adequado. Por meio de nosso pequeno número de notações do si-mesmo, é possível esboçar o diagrama de uma tarefa simples. A base do ator não é mais o papel que se desdobrou num conjunto de palavras ou as instruções que acompanham o texto regular, mas a soma dos estados (e papéis) espontâneos expressa nos diagramas. A ideia do ator pode ser expressa por uma equação algébrica. Um determinado número (n) de *tempi* (t) resulta na duração da peça (s), e portanto $nt = s$. Se o mesmo estado se repetir varias vezes $(t_1, t_2, t_3, t_4, t_n)$, a equação se modifica para $nt_n = s$. O poder criativo do ator se expressa em sua capacidade de produzir estados espontâneos, e sua capacidade produtiva é tanto maior quanto mais ele consegue produzir. A unidade de um ator (E) numa situação espontânea não é apenas a identidade entre movimento e estado, mas também a identidade entre movimento (b), estado (l) e tempo (t). $E = b + l + t$: a regra de ouro do teatro.

Notações interindividuais

Enquanto as notações a respeito do si-mesmo são meios de controlar a resistência interior (wi) de um ator, a ligação interpessoal evidenciada nas notações permite abordar a resistência externa (we). Essa resistência externa vem de outros atores e da situação total na qual se encontra o ator (wi + we = w). O estágio antimedial do ator – antimedial significa sair do momento externo em decorrência de preocupação com a produtividade, de um aquecimento interno em descompasso com o do parceiro – aumenta a barreira externa, que consiste de duas partes:

- resistência externa (e) produzida pela distância espacial, pelas variações de inteligência e de memória, pelas diferenças de linguagem, pelas técnicas de respiração; e
- as mais perigosas barreiras internas (i), que se desenvolvem dentro do próprio esforço de produção, em razão das diferenças entre um ator e outro (we = a + i).

De acordo com essa análise, as curvas de produção de dois atores, como dois setores de um círculo, podem tanto sobrepor-se como somente tocar-se na periferia, ou então passar uma pela outra sem nenhum contato. Portanto, uma peça pode ser plena de harmonia no monólogo – um ator trabalhando sozinho, sem parceiro –, mas tornar-se extremamente insatisfatória se diversos atores incompatíveis tiverem de colaborar. Se o conjunto de atores não estabelece um contato adequado, assemelha-se a uma sala na qual os móveis não se harmonizam; talvez cada um deles seja uma peça de grande valor e cumpra uma função definida, mas falta uma ligação, um critério.

O TEATRO DA ESPONTANEIDADE ■ 93

O treinamento interpessoal e de criatividade, com o uso inteligente das notações e sinais interpessoais, permite superar aos poucos, em especial, a resistência externa, que resulta de condições conflitivas de produtividade. A resistência produzida por diferenças mecânicas desaparece com o tempo por meio de exercícios.

O primeiro pressuposto para reduzir as diferenças que atrapalham o desempenho cooperativo é o de que a velocidade da ação deve ser a mesma para todos os atores, dentro de uma mesma fase da peça, independentemente da variação entre seus movimentos e estados.

É possível que uma peça comporte várias fases ou cenas (n), podendo cada nova fase ter um *tempus* distinto, mas dentro da mesma fase, como indicado acima, o *tempus* deve ter duração idêntica para todos os atores (p = nt). Portanto, se alguém diz que um drama espontâneo possui n fases, isso significa também que possui n *tempi*. Dessa maneira, independentemente da extensão de um drama espontâneo, ele pode sempre ser dividido em determinado número de *tempi* ($p + p_1 + p_2 + p_3$ etc. $= nt + nt_1 + nt_2 + nt_3$ etc.).

As notações interpessoais têm como objetivo orientar os atores a respeito do *tempus* e da emoção na qual cada um opera no momento, de forma semelhante às notações musicais que orientam os músicos a respeito da clave na qual tocam os vários participantes. É necessário, portanto, que o aquecimento interno, do zero até determinado estado, a transição de um estado a outro ou o salto de um estado para o zero não sejam feitos por nenhum ator dentro desse lance ou *tempus*, mas que a quebra só aconteça depois que esse lance termine.

O tempo do lance precisa ser respeitado por todos os atores para que se alcance alguma unidade de desempenho, algum denominador comum no decorrer da produção espontânea. Imagine-se, por exemplo, que um ator termine sua parte numa cena depois de cinco segundos, embora continue sendo necessário, como complementar, para a cena de seus parceiros; outro ator poderia demorar cinco minutos, ainda que deixado de fora por um dos complementares; e um terceiro continuaria por 15 minutos, abandonado pelos dois parceiros de que ele precisaria na cena, para produzir uma ação *significativa*. É óbvio que deve existir algum entendimento entre eles, de modo que a permanência no palco dure o mesmo tempo que dura a cena da qual participam, e que um se ajuste ao outro, independentemente de seus desejos subjetivos.

No diagrama de notações dos papéis e dos estados de espontaneidade – notações do si-mesmo e interpessoais –, as notações de um ator que correspondem às notações de outro são indicadas por sinais de coordenação. Portanto, cada vez que termina um lance, todos os atores sabem que estados, cenas ou papéis os demais vão desenvolver (pontos de coordenação). À medida que um ator entra num estado de ansiedade, por exemplo, seu complementar faz seu respectivo papel ou assume seu estado por um tempo igualmente longo, sem nunca começar um novo. Mas quando ambos, ou, no caso de vários atores, todos, estão no final de um lance comum, cada um pode começar a produzir um novo estado ou papel.

Além disso, é possível que a alguém caiba a tarefa de repetir o mesmo estado ou papel em um ou vários *tempi*, diversas vezes. Nesse caso, ele precisa de um intervalo entre um lance e outro. O diagrama mostraria, quando utiliza o sinal de intervalo, que cada intervalo de um ator corresponde ao de todos os outros. Os sinais para um intervalo são os mesmos que na música (–), os *tempi* espontâneos são prefixados. Assim como numa composição musical, onde a primeira parte é executada numa clave, por exemplo em sol maior (#), a segunda em outra, fá menor (b), o mesmo acontece no drama espontâneo. Uma fase é atuada numa escala improvisada, t_1 (um *tempus*), a outra em outra escala improvisada, t_2 (dois *tempi*).

O princípio da liderança no jogo de papéis

Em boa parte dos casos de teatro espontâneo, convém atribuir a liderança a um dos atores. Ele representa o papel principal, é quem mais está envolvido com o tema da peça e em geral determina o resultado

O TEATRO DA ESPONTANEIDADE ■ 95

do conflito. Do grau de influência que ele exerce sobre os coatores dependem, em muitos casos, a coesão e a força do desempenho.

Existe outra forma popular de teatro espontâneo que se baseia num princípio *cooperativo*. Há uma tarefa comum, mas ninguém em especial é responsável pela liderança. O desenvolvimento do enredo é inteiramente aberto, deixado à vontade dos participantes. Um ator mais impulsivo pode assumir a liderança na cena de abertura, mas deixá-la, numa segunda cena, para outro ator. Este pode perder a liderança para um terceiro, que pode até mesmo afirmar seu poder criativo e mantê-lo ao longo da trama.

Notações para espaço e movimentos

Além das notações que retratam as relações interpessoais, foram feitos experimentos com notações que mostram as posições e os movimentos no espaço. O mesmo ator que assume ou recebe a liderança numa situação de jogo ou em determinada fase dentro dele tem também a liderança e a escolha na ocupação do espaço. Os atores podem lutar pela liderança, que migra de um indivíduo para outro à medida que o enredo o exija, ou a produção pode ocorrer totalmente sem líder, sendo a atmosfera do jogo o princípio dominante diante do qual cada ator contribui com sua parte.

Uma vez determinada essa posição – todos os outros atores devem escolher sua posição, tomando como referência o estar mais perto ou mais longe do personagem principal –, ela se torna o ponto lógico para o líder, onde ele se situa ao longo de toda a peça e ao qual lhe é desejável retornar, que pode ser, por exemplo, o trono de Deus, a poltrona do juiz numa corte, a confortável "cadeira do papai".

Em situações normais, essas referências especiais dão à peça uma estrutura simples e sólida, que ajuda os atores a disponibilizar, com mais facilidade, a espontaneidade necessária. Se o ator mudar seu lugar lógico no espaço, dará a impressão de estar abandonando a ideia que parecia representar, pois, assim como o estado espontâneo é seu eixo interior, seu *locus* no espaço se torna seu eixo exterior.

O equilíbrio entre os atores os leva a escolher seus respectivos lugares (*locii*) em relação harmoniosa com a posição do líder. Dessa forma, o equilíbrio na sequência temporal dos estados e das cenas é complementado pelo equilíbrio espacial da relação entre as posições. O estado de espontaneidade interno tem um equivalente aqui no estado espacial externado, que resulta em ação espontânea harmoniosa. Todos os movimentos no espaço se irradiam a partir desses pontos ideais e a eles retornam. É possível calcular com facilidade, na configuração do espaço, as relações quantitativamente harmoniosas. Qualquer que seja sua curva de movimento, todo ator se esforça no sentido de, ao final da peça, retornar ao ponto original.

Essa tentativa de estabelecer, para as relações entre os atores, notações algébricas e, para seus movimentos e posições espaciais, relações geométricas deve ser *flexível* e baseada num sistema de operações em mudança contínua. Na continuidade, o sistema de notações poderia ser ampliado, a fim de proporcionar ao líder um retrato adequado da interação dinâmica. Seu valor é duplo: um guia para os atores e, para o pesquisador, uma matriz de ações ou de papéis. A espontaneidade nunca deve ser sacrificada em nome da harmonia; as regras para posição e movimento devem ter um objetivo apenas: o de ampliar o espectro de espontaneidade do conjunto de atores.

Técnica do desempenho teatral totalmente espontâneo

As várias cenas de uma dramatização são destacadas uma da outra por algum sinal exterior, como cortinas, efeitos de luz ou sinalizadores de tempo. Esses intervalos rítmicos são indicados no diagrama por notações de uma pausa longa – três sinais verticais. No sistema de notações coordenadas, cada ator pode verificar em que cenas seus parceiros estão presentes e em quais estão ausentes. Pode inclusive ler no diagrama em que chave de *tempus* uma cena deve ser executada. À medida que

O TEATRO DA ESPONTANEIDADE ■ 97

seja conhecida a duração aproximada de um *tempus*, pode-se estimar a duração de cada cena, e nesse caso a soma da duração de todas as cenas será o tempo da peça toda. A fixação convencional da duração da peça pode ser prejudicial nos casos em que uma ou a mesma cena precisa ter sua duração alterada para que alcance sua expressão mais profunda e seu maior efeito. Mas sem essa disciplina e sem essa medida a interação pode fracassar, mesmo a dos atores mais criativos.

O trabalho espontâneo é tão desafiador para a organização mental humana que é prudente não convidar o fracasso desde o começo, evitando-se o método do *laissez-faire*. Seria como se a razão, antecipando-se ao salto para a encenação espontânea, caminhasse cautelosamente com sua lâmpada de prospecção intuitiva e desenhasse um esboço do possível terreno a ser encontrado, com suas barreiras e armadilhas, de tal forma que esse desenho indicasse a direção que o salto deveria tomar.

O tempo da espontaneidade

A necessidade de um instrumento capaz de medir a duração dos estados de espontaneidade tornou indispensável a utilização de um relógio da espontaneidade, tanto para objetivos exploratórios quanto para práticos. Recorremos a um cronômetro, mas outros instrumentos que medem o tempo, tais como os metrônomos, também podem ser úteis. O cronômetro indica a velocidade da peça e pode medir o tempo espontâneo, cada cena ou fração, cada pausa ou fração, cada processo de aquecimento durante um ato ou fração. Assim como o diagrama, ele se constitui num importante meio de comunicação entre o diretor e o ator. A necessidade de acelerar ou retardar o tempo da peça pode ser sublinhada pelo cronômetro ou por um ponto. O aviso pode ser dado por uma pessoa, por um sinal musical de um metrônomo e assim por diante. Em situações de risco, se os atores se veem em dificuldade, recebem um sinal de perigo ou um sinal indicando que é urgente fechar a cena. Às vezes o próprio diretor pode entrar na cena e salvá-la de súbito.

Sistemas de comunicação

A constatação lógica dos experimentos de espontaneidade foi de que os sistemas de comunicação construídos ajudaram os atores a correlacionar suas ações de acordo com o momento, por algum dispositivo racional. Tais sistemas nos pareceram tanto mais necessários quanto mais longa a peça, quanto mais envolventes os problemas a ser encenados e quanto maior o número de atores. Um dos sistemas que construímos, que nunca foi utilizado dogmaticamente, está apresentado em seguida. Há seis aspectos em que um sistema de comunicação poderia ajudar:

1. O primeiro problema de uma dramatização espontânea é tanto do diretor como dos atores: o que vamos encenar, qual é o enredo? Resposta: precisamos ter isso claro antes de começar a representar. Entramos em acordo quanto ao tema comum, dividimos o problema em vários motivos principais alternativos, cada um deles expresso numa cena, cada cena fragmentada em determinado número de situações. Utilizando notações, fazemos o registro, num diagrama, das linhas gerais do provável processo espontâneo.

2. Quanto tempo vai durar cada cena, a dramatização completa? Trata-se de uma questão de mensuração que pode ser resolvida, de alguma maneira, quando o diretor conhece seus atores, o tipo de enredo e o público diante do qual se apresentarão Essas previsões de duração podem ser comparadas com os resultados concretos. Entretanto, é claro que no trabalho espontâneo o processo de interação é o fator determinante do tempo que a peça vai durar. Cálculos feitos antecipadamente são apenas tentativas. O diretor deve analisar a possível duração da dramatização toda, de cada cena, e tentar chegar a determinadas médias, dia após dia, de modo que tenha condições de prever a forma dos atores e a duração das peças, como se faz previsão do tempo.

O TEATRO DA ESPONTANEIDADE ■ 99

3. Quando vários atores compartilham uma mesma situação, ocorre outro problema: *em que momento* deve determinado ator começar a falar sua parte, a se movimentar, a assumir o papel, por quanto tempo ele deve prosseguir e quando deve parar; e, por sua vez, as correspondentes respostas dos outros atores. Claro que esse tipo de raciocínio é muito teórico. Na prática da espontaneidade, o começo da ação de um ou outro ator é determinado, de certa forma, pela presença de espírito[15] – o que em geral se chama de intuição. Mas numa teoria do teatro espontâneo esses problemas são urgentes e sua discussão acaba tendo um grande valor prático para os atores, uma vez que os ajuda a compreender melhor o trabalho que estão fazendo. No teatro convencional, o começo e o fim de uma fala e respectiva contrafala são, do ponto de vista da duração, fixadas de maneira clara, cronometradas – mais do que isso, o tempo é supervisionado pelos pontos. Dessa forma, evita-se automaticamente o perigo de confusão, de ab-reação ou de um atrapalhar o outro na formulação de um pensamento. No teatro espontâneo, entretanto, esse pequeno detalhe pode tornar-se um enorme obstáculo. Faz-se necessária uma espécie de "generosidade espontânea" de cada ator, para deixar que o outro fale ou atue até o fim, sem interrompê-lo enquanto ele não estiver aquecido para seu clímax. E também para socorrê-lo somente quando ele chega a um final natural, no instante em que não consegue parar ou ainda quando se encontra em dificuldade, o que acontece, por exemplo, ao se dar conta de repente de que saiu do papel e está encenando sua vida privada.

Uma solução possível para atores espontâneos conscientes é o esquema seguinte. Cada fala, num processo de papel, começa e termina *naturalmente* com algum gesto ou ação que acompanha a palavra. Esses pares de gestos (gestos de começo e de fim) são numericamente limitados. Uma pessoa pode iniciar sua parte *levantando-se* da cadeira e encerrar *sentando-se*; ou entrar na cena *segurando a mão* do parceiro

---

15. Atualmente chamamos de fator E.

e terminar *soltando a mão*; ou, ainda, iniciar sua fala *olhando nos olhos* do parceiro e terminar *olhando para o outro lado*, e assim por diante. Deve ficar claro que estamos falando de pares de movimentos que acontecem "espontaneamente", com os atores no palco, partindo do pressuposto de que, colecionando todos os possíveis pares de gestos produzidos de forma natural por eles no decorrer da peça, aos poucos proporcionamos aos atores um conhecimento que pode facilitar sua interação no palco.

Além disso, observamos que determinados estados espontâneos tendem naturalmente a precipitar certos movimentos correspondentes e que certos movimentos correspondentes tendem a precipitar novos estados espontâneos. Esse sistema emparelhado tem sido registrado de forma cuidadosa no decorrer de centenas de peças espontâneas e conscientemente utilizado em nossos ensaios espontâneos, buscando elevar o nível de comunicação entre atores. Foram feitos experimentos nos quais os atores verificavam antes que par de gestos lhes parecia corresponder a suas tendências subjetivas. Quando um ator começava sua fala inicial com determinado gesto, considerado natural para ele, por exemplo tomando as mãos do parceiro, o parceiro já sabia de antemão que o gesto final correspondente seria soltar a mão.

De acordo com nossos experimentos, a atividade criativa de um ator deveria concentrar-se exclusivamente na produção e atentar somente para os gestos finais, deixando de lado qualquer preocupação com os gestos intermediários. Supõe-se que, com esses cuidados, a produtividade do ator aumente.

4. Que movimentos deveriam acompanhar a fala? O sistema de treinamento característico do teatro convencional é ensaiar determinada frase em conjunto com determinado gesto, de tal forma que eles sejam, no momento da representação, associados um ao outro, de acordo com a prescrição do papel. Esses vínculos associativos permaneceriam mais ou menos fixados na memória do ator, podendo ser necessária a ajuda de um ponto.

No teatro espontâneo, faz-se necessário um novo tipo de técnica. Deve-se evitar qualquer nexo causal entre palavra e gesto, e o que já existe deve ser desfeito. O sistema de treinamento da espontaneidade tem um objetivo diferente do ensaio teatral convencional. A memória do ator precisa ser treinada de tal forma que ele tenha uma reserva de "liberdade", disponha de um repertório de movimentos o maior possível, o que lhe permite ter muitas reações alternativas à disposição, podendo escolher a que melhor se ajuste à situação que ele estiver enfrentando.

Uma das dificuldades enfrentadas pelo ator espontâneo é a possibilidade de que uma ideia lhe surja antes do movimento correspondente, ou que o movimento venha antes da ideia correspondente. Não estando juntas as partes que compõem o ato e não emergindo simultaneamente, o desempenho pode parecer distorcido. O ator precisa por isso mesmo aprender a se desvincular de velhos clichês. Por meio de exercícios de espontaneidade, ele deve aprender a livrar-se gradativamente de soluções habituais, acumulando no corpo o maior número possível de movimentos, para que sejam convocados com facilidade por meio de uma ideia que lhe surja. Esses movimentos corporais que fluem livremente vão se associar de forma espontânea, à percepção que esteja surgindo. Tal postulado se torna mais evidente nos momentos em que um ator precisa entrar em cena logo depois de seu parceiro ter terminado a parte dele, em resposta a ela ou com um novo motivo. Além de não saber com que gestos ou ideias seu parceiro vai reagir aos seus também não é capaz de antecipar especificamente as ideias que terá para reagir. Ele é, portanto, instado a ser ultravigilante e, por meio da presença total da mente, captar todos os estímulos advindos de seu parceiro, de tal forma que consiga reagir a eles com sensibilidade. Em tais momentos, determinados sentidos ficam muito tensionados.

A atenção do ator, à medida que espera sua vez, está sobremaneira concentrada em ouvir, em observar as ações do parceiro e em pensar rápido nas possíveis alternativas para sua resposta. A relativa inatividade de seu corpo durante essas pausas que lhe são impostas pela situação com frequência gera nele uma sensação de dificuldade e de falta de liberdade. Nessas ocasiões, a ação pode facilmente se tornar desconectada, e talvez o ator profira uma resposta antes que o parceiro tenha acabado e que seu corpo esteja aquecido para o gesto requerido pelas falas do parceiro. O risco de que ocorram essas incongruências e distorções é menos marcado no decorrer de um diálogo do que quando ele está começando.

Logo que o diálogo começa a fluir e que os coatores estabelecem um relacionamento recíproco, sabendo a direção concreta que vai tomando sua atuação, há um relaxamento das sensações físicas, até então em estado de alerta, podendo a maior parte da atenção se voltar para uma produção adequada. Imediatamente antes do começo de um ato ou de uma fala, a atenção está dividida em duas partes, uma voltada para fora, centrada nos estímulos externos que vêm da atuação dos parceiros, e outra voltada para a iniciação preparatória dentro de si mesmo, para sua produtividade.

É necessário treinar uma espécie de *presença corporal*, até certo ponto desconhecida dos processos de aprendizagem em geral associados a uma *não presença* da mente. O que seria uma exceção na aprendizagem de como agir deve tornar-se um recurso constante, sempre disponível.

5. Como os atores devem posicionar-se no palco? Realizamos um estudo no teatro espontâneo a respeito das posições que os atores escolhem por si mesmos, tanto no começo quanto na sequência da peça. Com base nessas observações, foram feitas algumas deduções a respeito de que posições são mais naturais e mais úteis para os atores espontâneos. As posições consideradas aconselháveis estão indicadas no diagrama, mas não são obrigatórias.

6. É preciso que sejam espontâneas todas as partes da peça, em todos os momentos, independentemente de sua estrutura? Ou seria desejável que algumas situações fossem planejadas e preparadas? Os experimentos espontâneos dos antigos hindus eram feitos de tal forma que um poema dramático rígido era a base do teatro espontâneo, em torno do qual se construíam cenas improvisadas. Mas a ideia de compor um teatro com partes memorizadas e partes espontâneas produz uma clivagem grave nos atores, carregando-os com dois processos de aquecimento diametralmente opostos. O resultado é que a dramatização não flui com facilidade e sem distorções. Um estranho que venha ao teatro da espontaneidade pela primeira vez não conseguiria dizer se uma dramatização ali apresentada é resultado de um cuidadoso ensaio ou se é espontânea. Isso de fato acontece com muitos habitués do teatro convencional que vêm conhecer o teatro espontâneo; ficam espantados com a suavidade do diálogo, a originalidade do enredo, e pensam tratar-se de tapeação.

Há ocasiões, no teatro da espontaneidade, em que partes "planejadas" são cabíveis. Marchas de soldados, sessões oficiais numa corte de justiça, num congresso ou numa igreja, situações que de alguma forma já desenvolveram na plateia, em nossa cultura, a expectativa de determinadas formas estereotipadas de ação. Elas se caracterizam por determinados *atos cerimoniais*, uma espécie de forma institucionalizada de apresentação, um tipo de "teatro dogmático na própria vida". Tais ações cerimoniais padronizadas podem ser apresentadas no teatro espontâneo como elas são na vida, se isso for requerido pela produção. O perigo de uma caricatura pode desviar a atenção do espectador do equilíbrio dramático. Esses atos ritualizados podem, é claro, também ser deixados de fora ou reduzidos a um relato verbal do que está acontecendo, sem nenhuma dramatização concreta da cena.

Compreensão "medial"[16]

No palco convencional, nossos cinco sentidos parecem ser suficientes, mas no interjogo espontâneo se desenvolve cada vez mais, entre os parceiros, uma espécie de sexto sentido.

---

16. Na literatura psicodramática recente, esse fenômeno ficou conhecido como "tele", o fator que opera e determina a ação interpessoal. Uma psicologia do tele inclui tele próximo e distante, sensorial e extrassensorial.

Aos poucos, uma trupe treinada pode abrir mão de utilizar todas as técnicas de comunicação aqui descritas e basear-se no fator medial, que guia sua mente na antecipação das ideias e das ações de seus parceiros. Há atores que se conectam através de uma correspondência invisível de sentimentos, que têm uma espécie de sensibilidade aumentada para seus processos internos mútuos. Um gesto é suficiente e em geral eles nem precisam se olhar, sendo reciprocamente telepáticos. Eles se comunicam através de um novo sentido, como se fosse uma compreensão "medial"[17]. Sendo iguais todas as outras condições, quanto mais se desenvolve esse sentido maior é o talento para a espontaneidade.

A ciência da representação

Cenários

No teatro convencional os cenários eram, ressalvadas as diferenças, quase idênticos em forma e composição, rigorosamente os mesmos durante toda a temporada. No teatro da espontaneidade, como não existem peças padronizadas e ensaiadas, repetidas todas as noites da mesma forma, resultou de pronto um novo postulado: inventar um *cenário ou pano de fundo que possa ajustar-se às cenas dramáticas, levando-se em conta que elas mudam todos os dias, portanto podendo ser modificadas dentro de uma mesma representação centenas de vezes, e criando o correspondente pano de fundo, fluido e adaptável.* A ideia é simples: disposições improvisadas, várias peças de madeira, de diversos tamanhos, cores e formas. Utilizamos também desenhos improvisados. O pintor de improviso sobe ao palco e ilustra, diante do público, a próxima cena,

---

17. Conforme nota de rodapé anterior do autor, ao explicar que posteriormente esse fenômeno relacional recebeu o nome de tele, entende-se que se trata de um tipo de comunicação interpessoal imediata, extracomum ou mesmo extrassensorial. [N. E.]

permanecendo ali à medida que a cena se desenvolve. É o retorno da claquete, recriada para as exigências do palco. Materiais sólidos e duráveis, tais como couro, vidro, madeira e papelão, são cobertos com tinta branca, sobre os quais se fazem desenhos com carvão. No final da cena o desenho é apagado.

Máscaras

Os atores eram vestidos e maquiados de acordo com o papel, as máscaras eram cortadas e pintadas diante do público. Utilizou-se um costureiro improvisador, para elaborar roupas partindo de materiais simples, para as cenas vindouras.

A preparação

Da mesma forma que alguns filmes, em que os principais personagens são mostrados na tela antes que a história comece, também o teatro espontâneo comporta uma fase de preparação. Nesse caso, a apresentação é dividida em várias etapas.

Primeira etapa: o diretor aparece no palco com o produtor (encenador) e passa para ele a ideia da cena a ser produzida. Todos os acordos são feitos diante do público. O diretor aparece sempre, no decorrer da dramatização, para fazer os ajustes requeridos por situações inesperadas.

Segunda etapa: os atores escolhidos sobem ao palco, o diretor lhes informa o enredo e atribui os papéis, discutindo com eles o sentido da trama e a sequência das cenas.

Terceira etapa: os atores se aquecem para seus respectivos papéis. A mudança de sua personalidade particular para a dos personagens acontece diante do público por meio de máscaras, roupas e maquiagem, assim como de comportamentos e gestos. Essas etapas são separadas uma da outra por uma pausa curta ou pelo apagar das luzes.

Quarta etapa: dramatização espontânea.

Direção de preparação

O jogo preparatório, em três etapas, é a primeira parte da dramatização propriamente dita. A preparação da cena não deve tentar imitar a prática física concreta do teatro convencional, mas inventar uma expressão simbólica do tema, que corresponda à sua situação interior.

O desenvolvimento espontâneo do tema e do enredo, e também o do ambiente no qual ele acontece e a forma espontânea do ator (máscaras) requerem uma arte especial de representação, que desvela as dimensões ocultas da vida teatral.

É o milagre da concepção e do nascimento na criatividade espontânea: a arte da preparação.

A dramatização começa com um apagão total no palco. Primeiro ouve-se a voz do diretor e lentamente uma luz tênue se espalha sobre o cenário. A luz vai crescendo em intensidade e chega ao ponto máximo no final do jogo preparatório.

Os passos preliminares são animados por um grupo de músicos espontâneos.

A duração da parte preparatória deve ser testada por muitos experimentos, até que o diretor consiga antecipar a duração de uma dramatização espontânea.

Direção de produção

Uma dramatização totalmente espontânea é um empreendimento paradoxal. Quanto mais espontâneos são os atores e mais perfeita sua transformação num papel desejado, mais se necessita de um agente

O TEATRO DA ESPONTANEIDADE ■ 107

para conectar um com o outro numa unidade social funcional. É o diretor da espontaneidade que regula sua interação. A seguir, algumas regras importantes para a produção dramática.

- Enquanto o diretor do teatro convencional principalmente no período de ensaio, até o ensaio final, o diretor de espontaneidade deve executar sua tarefa no decorrer da própria representação.
- Ele é o ponto de ideias, e é quem define as tarefas-papéis, o enredo e sua duração.
- Ele prepara a partitura da dramatização espontânea, de forma que os atores possam visualizar por si mesmos o sentido, os papéis e o enredo que devem encarnar.

O diagrama de notações da espontaneidade indica ao ator a posição que ele e seus coatores têm no sistema de ações coordenadas. Esse conhecimento proporciona aos atores um suporte importante. A sequência de situações e estados, do começo até o final da dramatização, o número de coatores e algumas possíveis versões passam rapidamente por sua mente. Cada ator sabe quem será seu parceiro em qualquer ato, cena ou situação. Ele consegue antecipar em que fase do processo de papel está quando outro ator entra em cena para atuar com ele.

O ator tem total espontaneidade dentro de determinada etapa de ação, mas se pressiona indevidamente um coator corre o risco de iniciar uma nova fase, o que pode distorcer a unidade da atuação.

Ele deve jogar com o outro, comprometendo seu *tempo* com o *tempo* do outro sempre que necessário. O *tempo* ideal é apenas uma hipótese heurística, uma norma, mas não faz parte dos dilemas da atuação concreta. Ele dá direção à atuação do ator, permitindo que este tenha sempre na consciência o número de fases que um problema requer em sua apresentação e o momento psicológico para terminá-la. Com esses cuidados, contorna-se o perigo de se desenvolver um erro que comprometa a cena na qual ele ocorra, assim como evita-se a confusão dele decorrente.

O diretor de espontaneidade ou um de seus assistentes analisa os movimentos do cronômetro, observando a duração de cada cena e da peça como um todo. Assim, quando percebe que o *tempo* da peça está muito lento ou muito rápido, ele consegue orientar sua aceleração ou retardamento, ou parar de vez a peça. Ele é o operador mental por trás da cena.

Já o diretor de produção espontânea deve ser capaz de atuar *sub specie momenti*. Há indivíduos que são mais ou menos talentosos para a tarefa de direção, mas algumas habilidades de direção podem ser aprendidas.

Ele precisa ter na equipe *atores reserva*, colocados no palco, em situações de perigo, com uma "ideia salvadora". Quando o diretor dá o sinal de alarme, os atores de resgate, assim como os atores no palco, sabem que uma crise é iminente. Quaisquer que sejam as novas ideias que o diretor coloque em cena e quem quer que seja o novo líder na cena subsequente, todos os atores se subordinam a ele. O ator de resgate permanece no palco e participa da cena até que termine a fase crítica. Iniciada a nova fase, a liderança deve retornar ao protagonista anterior.

Mas a turbulência de uma cena pode ser tão grande que o diretor é forçado a terminar rapidamente a peça − e ainda assim fazer dela uma unidade estética. Nesse caso, ele despacha um tipo especial de ator de resgate, o "finalizador". Os atores reserva devem ser dotados de muitos recursos. Em alguns casos, o próprio diretor de produção sobe ao palco e termina a apresentação. Às vezes, os atores de resgate são enviados pelo diretor, sem que o público perceba isso. Nesse caso, os atores têm de aceitar qualquer fator que entre em cena, novos atores, novas ideias, novos conflitos e uma revolução total no enredo original.

O contato do palco com a plateia é estabelecido pelo próprio diretor ou por um tipo especial de ator. Muitas vezes, ele vem ao proscênio quando uma dramatização atinge o clímax ou um ponto crucial, e confere com o público as possíveis alternativas de solução para o conflito, perguntando quais delas ele gostaria de ver encenadas. Às vezes ele pode perguntar se preferem uma solução trágica ou feliz, ou se desejam que a peça termine com o conflito, sem nenhuma solução.

Tanto o diretor de produção espontânea como os atores tomam decisões a cada momento e devem estar sempre vigilantes, prontos a entrar em cena, introduzindo novas ideias na peça e aplainando inconsistências e falhas.

Aplicações

Estado espontâneo e talento espontâneo

O que para o ator convencional é o ponto de partida – a palavra falada – para o ator espontâneo é a etapa final. O ator espontâneo começa com o estado espontâneo; sem ele, não pode prosseguir. Como acontece com o salto em altura, ele precisa de uma espécie de corrida inicial, por assim dizer, para alcançá-lo. Tendo chegado lá, o estado se mantém. O ator vai se desenvolvendo e se aquecendo, até que se articula no nível da fala. O estado de espontaneidade inicial é complementado por um discurso adequado; o comportamento do corpo é complementado por uma condição mental condizente. A mente e as concepções dramáticas de uma arte são sintetizadas.

A rigor, um estado de espontaneidade não é dado, como se já existisse. Se fosse assim, nenhuma espontaneidade seria necessária para trazê-lo à tona. Também ele não emerge em consequência de uma compulsão – exceto, é claro, nas formas patológicas. Ele é, em geral, produzido por um ato de vontade; é voluntário, da parte do sujeito – embora na ação representada muito material involuntário possa ser trazido com o estado de espontaneidade. Este possui uma característica intrínseca, que é a de ser experienciado pelo sujeito como um ato seu, autônomo e livre – livre de qualquer influência externa ou interna que ele não possa controlar. Essa experiência pode ser ilusória, mas é como ele sente e pensa quando se lança num estado de espontaneidade, que tem, pelo menos para o sujeito, todas as características de uma ação livremente produzida.

Quando se fala de estado de espontaneidade, é incorreto referir-se a ele como "sentimento" ou "condição", pois não se trata apenas de um processo dentro da pessoa, mas também de um fluxo de sentimentos na direção do estado de espontaneidade de *outra pessoa*. Do contato entre *dois* estados de espontaneidade, centrados, naturalmente, em duas pessoas diferentes, resulta uma situação interpessoal[18], que pode expressar tanto harmonia quanto atrito.

O estado de espontaneidade é um conceito-chave para a psicologia da espontaneidade. É o ponto de partida. No trabalho espontâneo, ele é comparável em importância às instruções que o dramaturgo oferece ao ator no teatro convencional. Por necessidade, portanto, o estudo e o ensaio das partes são substituídos pelo treinamento em estados de espontaneidade.

O principal indicador de "E" (talento para a espontaneidade) é o potencial para a rápida emergência de uma ideia e a rápida transposição de uma ideia para a ação. A rapidez na transposição, por sua importância crucial nas situações de vida, dá ao fator espontaneidade sua importância decisiva, mesmo quando todas as outras qualidades, tais como talento mímico, poético e interpessoal, estão presentes numa personalidade.

A observação nos ensina que tanto os atores espontâneos como aqueles de papéis convencionais gravitam, na maioria dos casos, em torno de um tipo oposto de ator. Eles podem ser classificados em duas categorias, o psicograma do centrípeto e o psicograma do centrífugo.

---

18. O texto em alemão fala de "*Beziehung der Lage einer Person zu der Lage einer anderen Person*". O autor usou para isso o termo "*Begegnungslage*". A melhor tradução para essa palavra alemã intraduzível é situação "interpessoal".

O TEATRO DA ESPONTANEIDADE ■ 113

Um ator mais experiente, do palco convencional, é capaz de simular espontaneidade nas improvisações, mas a análise vai mostrar que ele atua com base em resíduos de um repertório de papéis ensaiados, que aquilo de mais criativo que ele deriva dos clichês se esgota depois de um período curto, e fica evidenciada sua incapacidade de produzir e compor de forma independente e imediata.

A memória de um ator de papel convencional e a de um ator de papel espontâneo têm um caráter diferente, uma vez que eles retiram os respectivos conteúdos de diferentes processos de aquecimento. O convencional, antes de tornar-se viciado no ensaio memorizado, deve ter tido uma quantidade considerável de recursos naturais e espontâneos, mas o ensaio memorizado costuma substituir por clichês as fontes naturais de espontaneidade – e esses bloqueios tendem a se tornar uma condição permanente. Para que possa se tornar um ator espontâneo, o ator convencional precisa ser destreinado e desconservado.

Temos aqui outra explicação para o fato de que muitos não atores passam com sucesso pelos testes para o trabalho espontâneo. Seu manancial é a própria vida e não os textos escritos do teatro convencional.

Análise da produção espontânea

A seguir, um exemplo de como se prepara com antecedência, passo a passo, uma apresentação de teatro espontâneo ou de jornal vivo. As preparações são feitas, entretanto, de tal modo que a espontaneidade dos atores seja o menos influenciada possível. Elas constituem exclusivamente um roteiro de trabalho, sendo que os atores não participam delas.

O editor do jornal vivo tinha de ler todos os dias os jornais impressos disponíveis: para definir o que seria adequado dramatizar.

Em um dos diários havia um bloco de notícia com a manchete: "Matou porque estava desesperado". Um policial procurava, num prédio localizado num bairro operário, uma jovem desaparecida. Por engano, ele entrou num apartamento um andar abaixo daquele que tentava localizar e viu, no chão, o corpo de uma mulher e um bebê chorando. Perto deles estava o marido dela, que foi preso pelo policial. Na delegacia, o marido confessou que tinha cometido o assassinato. Em estado de excitação, informou que vários anos antes tinha roubado um sobretudo e, desde então, vivia com medo de ser preso. Na noite anterior, ele pensou que alguém o estava seguindo. Chegou em casa perturbado e foi se esconder. A esposa o questionou a respeito do porquê daquilo e ele então contou. A confissão o deixou furioso e o levou a assassiná-la.

Esse material foi utilizado como base para várias versões. Os experimentos foram realizados no palco do teatro da espontaneidade, com uma equipe de sujeitos utilizados somente para os testes experimentais. O objetivo era traçar a cadeia de motivações que levaram ao assassinato. Os sujeitos usados não se conheciam nem eram os mesmos da trupe de atores espontâneos. A versão final, tomada como base para o jornal vivo que se planejava, ficou como se segue.

O marido está desempregado, a criança está doente, precisando de cuidados médicos. O conflito entre marido e mulher tem um motivo econômico – dinheiro. Ele rouba uma bolsa e agora tem o dinheiro para pagar o médico, mas em vez disso vai ao bar, bebe e perde o dinheiro no jogo. No caminho de volta para casa, quando estava quase chegando, ouve os passos de um homem. Imagina que esteja sendo seguido por causa do roubo. Corre para dentro de casa, procurando um lugar para se esconder. A esposa, não sabendo do que se tratava, tenta detê-lo. Num momento de desespero, ele a empurra e ela cai morta. Nesse exato instante entra um policial e pergunta: "É aqui que mora o Sr. Fulano?" "Não", ele responde, "o Sr. Fulano mora no andar de cima".

Esse é um bom exemplo de como o material original oferecido aos sujeitos é modificado por suas improvisações. Entre as muitas versões que foram encenadas diante do diretor, essa foi escolhida porque parecia descrever, de forma mais convincente do que a reportagem do jornal, ou de outras versões construídas pelos sujeitos, um assassinato por desespero.

O passo seguinte, na preparação, é dividir o enredo em várias cenas.

Primeira cena: a primeira questão era a escolha do local. O mais adequado seria um lugar em frente aos portões da fábrica onde o homem trabalhava. Os trabalhadores estavam em greve e saíam um a um. Outro problema era o número de atores necessários para representar a greve. Como os experimentos haviam demonstrado que cenas com muita gente eram difíceis de representar nas encenações espontâneas, essa cena foi descartada por ser considerada impraticável. A sugestão alternativa era substituir a cena de massa por um encontro entre o empregador e o representante do sindicato, ou situá-la de vez diretamente na casa do homem. Este foi o cenário finalmente escolhido: quarto de dormir, o homem entra, a mulher põe o filho doente na cama. Ele conta a ela que está sem emprego, que a greve começou. Ele sai, mãe e filho ficam sozinhos.

Segunda cena: o primeiro problema era novamente a escolha do local. Uma alternativa seria uma lanchonete, mas experimentos anteriores haviam mostrado que aquela não era a melhor escolha. Em situações desse tipo, são melhores os locais com caráter fantasioso, inespecífico, que possam assumir várias expressões sem parecerem irreais e inconvincentes para o público. No drama ambientado, o diretor deve tentar evitar locais que tenham uma fisionomia muito específica. A ideia de uma lanchonete pressupõe um grande número de fregueses e garçons: muitas pessoas em cena facilmente ofuscam os personagens principais. Papéis pantomímicos desse tipo são difíceis de representar em dramatizações espontâneas, pois exigiriam da direção algum tipo de ensaio prévio. Além disso, a lanchonete é quase uma instituição pública. Como tal, mas apenas como tal, ela tem – como uma corte de justiça, uma igreja ou um parlamento – um caráter estereotipado e as pessoas a vinculam, mentalmente, a uma série de atos cerimoniais. Estes constituem, como instituições permanentes, uma espécie de teatro convencional dentro da própria sociedade. Mais ainda, o teor da primeira cena era uma discussão. Seria monótono fazer uma segunda cena com uma discussão semelhante. A escolha final, como local da segunda cena, acabou sendo uma rua ou uma calçada próxima a um bar. A esposa segue o marido e o encontra. Ele tinha jogado e perdido o último centavo que tinha. Ela o deixa.

Terceira cena: novamente na casa do trabalhador, o homem entra correndo, tenta se esconder, a esposa faz que ele pare e lhe conta que o filho morreu. Ele ouve passos, empurra a esposa e a mata.

Dois argumentos principais estão em conflito, o medo do homem e o amor materno da mulher pelo filho.

O próximo passo na preparação desse texto consiste numa caracterização *a posteriori* de cada cena representada até então. Começo da primeira cena: o homem entra, a mulher mostra que está preocupada com a criança. Principal interação: o homem fica perturbado, não tem emprego nem dinheiro, sente dor de consciência. A mulher sente amor pelo filho e ódio pelo homem que a abandona. Final: a mãe fica sozinha com a criança, desesperada. Começo da segunda cena: barulho e tiros num bar, um homem é atirado porta afora. Interação: um homem corre atrás dele, o trabalhador luta com ele e rouba sua bolsa. Final: ele vê pessoas passando por ali, pensa que estão atrás dele e corre. Começo da terceira cena: a criança está morta. Interação: a mãe em desespero, o homem com medo. Clímax: assassinato. Finalizando, o policial entra por engano e descobre o crime.

Programa

O teatro da espontaneidade tem como tarefa servir o momento. Ele relata os acontecimentos diários, não com a seriedade dos parlamentos, tribunais e jornais, mas livre – no sentido de "Stegreif" – da maquinaria dos incentivos e interesses pessoais. Seu repertório pode incluir tanto produções poéticas quanto problemas sociais. Todas as questões concretas que estimulam o público no momento – julgamentos ou debates no Congresso, por exemplo – podem ser apresentadas ao público do teatro da espontaneidade e revividos.

A atualidade dos conflitos que afetam privada e subjetivamente os espectadores vai devolver ao teatro o sentido imediato, até então perdido, da relação com o público. Isso significa um imediatismo da *forma*, a espontaneidade do ator *versus* a representação de uma peça ensaiada, e um imediatismo do conteúdo, ou seja, um problema que é relevante para o público e para os atores que estão no palco, em vez de um problema relevante para um dramaturgo individual, pertença ela ao passado ou ao presente. Um dramaturgo de uma época passada, como Shakespeare, pode ter produzido peças que tiveram em algum momento efeito mobilizador. Mas, a menos que a estrutura do problema não se tenha modificado desde que a peça foi escrita, a peça deve ser modificada para dar conta da situação atual, a ponto mesmo de perder a forma original pretendida pelo dramaturgo. Por outro lado, um dramaturgo contemporâneo pode estar muito desconectado dos problemas que de fato preocupam o povo. O teatro da espontaneidade, liberado dos clichês de forma e conteúdo, é capaz de organizar seu repertório de acordo com o público que enfrenta. O teatro volta a ser capaz de estimular os homens para seus feitos heroicos.

O jornal vivo

Se a potência poética em *status nascendi* fosse mais facilmente liberada quando o corpo estivesse descansado, o valor de uma produção teatral espontânea poderia ser considerado pequeno, porque os atores de uma dramatização espontânea estão sempre em movimento. Poder-se-ia questionar o valor de sua produção, porque se alguém tenta traduzir as palavras em ação de pronto isso constitui uma barreira para a produção literária. A entrega de um produto espiritual, porém, costuma vir para uma pessoa com mais facilidade quando ela está escrevendo em silêncio em sua escrivaninha; a outra, quando monologa em voz alta; e uma terceira, quando está num palco diante do público. O que conta de fato é se as sementes espontâneo-criativas chegam a ter, nela, algum grau de maturidade.

O criador do tipo ascético se aquece para um ato criativo reduzindo a um mínimo a atividade corporal, como se tivesse herdado e não criado o corpo. Já o tipo total ou centrífugo, cuja personalidade não se separa do corpo no ato criativo, não produz nenhum poema antes de declamá-lo.

O primeiro tipo nunca encontrou seu si-mesmo, todos os fenômenos que estão fora de sua criatividade, sua psique, seu corpo, todos os fenômenos que estão além do limite de sua existência, tudo representa para ele o eterno desconhecido.

No caso do outro tipo, o si-mesmo entra em seu psiquismo, em seu corpo; alcança cada átomo do universo, todos eles se tornam parte dele, e é por isso que ele pode transformá-los. Ele é incapaz de escrever um *Hamlet* ou um *Fausto* sem que seu corpo ativo, em movimento, se torne a âncora do poema. As unidades criativas que compõem a personalidade do papel dramático se desenvolvem e crescem participando ao mesmo tempo de seu corpo e de sua mente. O herói de sua imaginação, Hamlet, não cresce como um espírito apenas em seu intelecto, em sua mente. O próprio poeta assume o papel de Hamlet, de alguma maneira. Ao mesmo tempo, o herói se imprime; como se fossem dois lados de uma moeda, duas dimensões de uma pessoa se desenvolvem, com um aspecto mental e outro físico. Assim, alcançado o estágio de maturação, o herói não irrompe somente em sua forma poética, mas também em sua forma mímica, uma pessoa completa.

Não apenas a forma do drama e do teatro é revolucionada no teatro da espontaneidade, mas também o caráter que o poeta assume neles. O poeta desempenha um novo papel. Até agora, seu papel vinha sendo ativo no escrever e terminar um drama, mas passivo na encenação. No Teatro *Impromptu*, ele é o centro ativo, talvez o mais ativo de toda a representação. Os atores, que não sabem até o último momento nenhuma das histórias nas quais vão atuar, são submetidos pelo poeta, imediatamente antes da representação e diante do público, ao processo que chamei de Ato de Transferência Pública. Na mente do poeta, formas, humores, visões de papel e de peças, tudo está em processo de contínuo vir a ser. Todos aparecem sempre em vários estágios de desenvolvimento dentro dele. Quanto mais claros ficam, mais ele se entusiasma, mais eficiente ele será em sua tentativa de transmiti-los aos atores. O dramaturgo e o diretor são um só.

A representação é improvisada não apenas no que se refere a personagens, mas também em forma e conteúdo. Durante nossa experimentação, procuramos descobrir formas de arte dramática que diferenciassem as peças o Teatro *Impromptu* do palco reprodutivo, não apenas do ponto de vista do ator, mas também do observador. Uma das formas que mais se ajustaram ao nosso ideal foi a representação de notícias diárias. Só o *Impromptu* é por natureza rápido a ponto de permitir a projeção de notícias no palco. Quando um dramaturgo escreve uma peça baseada em notícias, elas acabam perdendo o sentido de atualidade. Mas no *Impromptu* se dá o encontro entre dois polos, o momento na vida e o Momento dentro do criador.

Diferença entre improvisação e dramatização espontânea

A improvisação é um recurso utilizado pelos artistas em momentos de dificuldade. É uma espécie de repertório ilegítimo no "teatro legítimo". O *ad lib*[19] pode ser considerado, no caso do ator convencional, uma liberdade não permitida, um *"laissez-faire"*. Os acréscimos *ad lib* não comprometem textos escritos medíocres e pobres, uma vez que seu conteúdo de linguagem solta pode admitir qualquer tirada de humor. Em trabalhos dramáticos de boa qualidade raramente se arriscam improvisações, porque é difícil para o ator inventar ideias e frases adequadas ao sabor do momento – salvo em raras situações, quando o ator é ele mesmo o poeta e o dramaturgo ou está muito afinado com o papel que está representando, por exemplo Hamlet ou Rei Lear. As improvisações têm de ser feitas dentro do espírito do texto dramático; a atmosfera de produção é estabelecida pelo dramaturgo.

Há um tipo de improvisação que costuma ser chamada de "ab--reação". Enquanto a improvisação tem um objetivo estético e é caracterizada por algum grau de liberdade, a ab-reação não tem um objetivo estético consciente, ela é compulsória, não livre. Ambas, porém, têm um nível baixo de organização mental.

Quando se fala de dramatização espontânea, em sentido estrito, os atores da *Commedia dell'Arte* eram atores de improviso e não espontâneos. A partir do momento que uma mente inventiva estabeleceu os tipos da *Commedia dell'Arte* e que os diálogos dentro de dada situação aconteceram repetidas vezes, as atitudes e os diálogos dos atores foram se tornando cada vez mais congelados. Na melhor das hipóteses, os atores variavam o diálogo para encaixá-lo em situações planejadas que eles não tinham autorização para modificar. Assim, na *Commedia dell'Arte*, a improvisação tinha uma direção predefinida, enquanto a dramatização espontânea deve ser criada sem premissas que impliquem datas, tipos, papéis, interações, cenas e diálogos. O teatro da espontaneidade também está exposto aos riscos que vitimaram a *Commedia dell'Arte*, congelar-se numa série

---

19. Abreviação de *ad libitum*, notação usada na música com o sentido de não obrigatório, à vontade, como queira. [N. T.]

de textos com papéis determinados a ser assumidos. Essa tendência tem sido observada em papéis populares, tais como os de juiz, de louco, de rei, e assim por diante. Mas a verdadeira forma de uma arte do momento é a produção de uma dramatização irrestritamente espontânea. Esta deve evitar os papéis dogmáticos, rígidos, assim como o diálogo rígido, dogmático.

A presença de espírito do ator espontâneo é colocada à prova com muita frequência. No teatro convencional, os atores são bem preparados para incidentes humorísticos que possam ocorrer numa apresentação. Eles, como pessoas, não são afetados espontânea e diretamente por um gracejo; foram treinados, durante os ensaios, a reagir tantas vezes aos gracejos a ponto de estes perderem a novidade; o gracejo se torna um marco bem estabelecido no seu desempenho de papel. O ator convencional, portanto, quando começa a atuar seu papel no palco, não enfrenta nenhuma surpresa para a qual não esteja muito condicionado. Ele consegue, por isso mesmo, manter com facilidade seu papel, de forma bem-sucedida, até o final da apresentação.

O ator espontâneo, contudo, está numa situação diferente. Uma piada inventada repentinamente pelo seu parceiro pode afetá-lo de imediato. Sendo novidade, talvez o afete de um jeito indesejável para o papel que ele está desempenhando; ele pode desandar a rir, afetando com isso os outros atores. Ele deve estar preparado, portanto, para reagir a surpresas, para ajustá-las ao seu papel sem sair dele. Deve aprender a se transformar a cada momento, sempre pronto para viradas inesperadas de seus coatores.

O valor poético de uma produção dramática espontânea, a classificação do desempenho espontâneo, depende da espontaneidade poética dos atores e do gênio do produtor para colocar os atores numa harmonia semelhante às cordas de um violino. O teatro convencional se baseia numa superavaliação da palavra transmitida, na superstição de que a memória das pessoas conserva as palavras mais grandiosas, na superstição de que o bem sempre sobrevive enquanto o mal sucumbe. Mas, na verdade, muitas ideias e produtos significativamente espirituais, poéticos e dramáticos se perdem quando aqueles que os originam não estão dispostos a produzir obras dedicadas à conserva cultural, tais como os livros; quando eles têm preferência, por assim dizer, por filhos ilegítimos. No lugar da memória organizada do poeta entra o momento do aventureiro.

O teatro da espontaneidade representa para o poeta-dramaturgo uma missão nova e velha ao mesmo tempo: o contato imediato com as pessoas. Aquilo que nunca seria dito em lugar nenhum acaba entrando na vida da comunidade. O novo poeta-dramaturgo não é abandonado ao seu velho método autoisolado, para escolher ideias e diálogos que compõe sozinho, condensa e termina. Ao contrário, ele sintetiza suas inspirações perante as pessoas e é impulsionado, ao menos às vezes, pelo desejo de atingi-las e de entrar em acordo com elas, para a produção e a representação de ideias que ele teria rejeitado se tivesse feito seu trabalho no esplêndido isolamento de seu quarto.

Os principais temas na educação da espontaneidade

Os dramaturgos são aconselhados a não anotar suas produções dramáticas, permitindo que elas fluam gradualmente em experimentos de espontaneidade. A mesma recomendação serve para educadores, novelistas, historiadores e, por último mas não menos importante, aos governantes e messias que sonham mudar o mundo. Essa purga teria um efeito educativo e desencorajador, assim como nossas escolas dramáticas e todo o nosso sistema educacional necessitam ser rejuvenescidos. Na atualidade, o aluno costuma ser tratado como um sapo do qual se removeu a córtex cerebral: só se permite que ele reproduza papéis que estão conservados.

O processo multiplicador da aprendizagem deve vir em segundo lugar; a ênfase inicial deve recair sobre o processo de aprendizagem produtivo, espontâneo-criativo. Os exercícios e o treinamento da espontaneidade são o principal tema da escola do futuro.

Linguagem convencional e anticonvencional – a gíria

É fácil compreender a afinidade da gíria, de formas anticonvencionais de linguagem, com a espontaneidade. A gíria é uma forma de linguagem imediata, incompleta. Do mesmo modo, o trabalho espontâneo é imediato e caracterizado por infinitas maneiras de falar. Portanto, pode-se muito bem definir o teatro da espontaneidade como uma espécie de teatro-gíria, enquanto o teatro convencional seria uma forma "nobre" de teatro.

Está implícito nessa comparação que o teatro convencional raramente utiliza a gíria. As obras escritas na língua oficial de dada cultura têm preferência. A razão disso é a prevalência da linguagem censurada: censurada por aqueles que dominam uma nação. No teatro da espontaneidade não existe essa avaliação da linguagem de acordo com a hierarquia, uma superior, oficial, *versus* outra, vulgar. A linguagem livresca é apenas um caso específico entre os muitos jeitos de falar. Pode-se dizer que, comparado com o teatro convencional, como os teatros da nobreza na Idade Média e o teatro das classes intelectuais de nossa época, o teatro da espontaneidade pode ser considerado o *teatro do povo*.

As formas de linguagem do povo, que são mais ou menos suprimidas pela linguagem escrita, podem ter no teatro da espontaneidade um lugar natural de expressão. Os atores livres da ditadura do dramaturgo e da máquina de produção do teatro convencional vão restaurar o caminho natural da linguagem: da fala para a escrita, e não o inverso, da escrita para a fala.

Nossos experimentos têm mostrado que a produção de uma tarefa em linguagem de gíria tem menos resistências a ser superadas do que em linguagem oficial organizada. A dramatização fácil em gíria, que tem maior efeito sobre o público com mais frequência que a linguagem oficial, é compreensível porque a gíria é um universo de linguagem oculto e reprimido, cheio de sinais e imagens proibidos. Quando criança, todos a falam e, à medida que a criança vai crescendo, ela aprende a censurar a linguagem de sua imaginação. Trata-se de uma censura das linguagens primitivas – a linguagem da gíria e a da criança – pela linguagem das classes dominantes – os adultos.

A gíria surge como um sonho preservado pelo uso, menos perturbado pela censura da consciência. Ela flui de modo menos inibido devido à representação dos pensamentos, sentimentos e conflitos primitivos, que têm uma correspondência espiritual. O ator tem permissão para negligenciar, na gíria, os babados e as fantasias convencionais.

Espontaneidade e voo

Em sentido simbólico, a espontaneidade e o voo de pássaros estão intimamente ligados. O sonho do homem era voar como um pássaro, se não com as próprias asas pelo menos com asas técnicas, os aviões. Ou então aparecer como um deus, se não na realidade, ao menos no teatro. Esses são talvez os dois sonhos mais antigos dos homens. Eles podem ter uma origem comum.

Por meio da magia, da ciência ou de outro método qualquer, procura-se provar que a luta por uma divindade é bem fundamentada. Não se trata de uma demonstração teológica nem crítica, mas sim de uma demonstração estética da liberdade.

Catarse mental e cura

A inalação e a exalação dos pulmões simbolizam a desinfecção. A inalação de oxigênio mantém o corpo vivo, mas também precipita a formação de óxido de carbono, que é letal. Entretanto, através da expiração o veneno é removido do corpo. Pode-se dizer que no processo de vida nós inspiramos o psíquico e o expiramos através da espontaneidade. Se no processo de inspiração se desenvolvem venenos, tensões e conflitos, por meio da espontaneidade eles são removidos. A espontaneidade permite que o nível mais profundo da personalidade venha a emergir livremente. Esse livre despertar da matriz criativa não acontece por interferências externas, mas é autônomo. Seu potencial de cura se baseia na relação entre o processo de vida e a espontaneidade e criatividade. Em vez da análise profunda, a produção profunda e a ação que emergem das profundezas; em vez do médico, a autoajuda. A intenção é tornar visível o mal. Paradoxalmente falando, o propósito do tratamento espontâneo não é ficar bem, mas ficar doente. O paciente conduz sua doença para fora de si. Magnificar a realidade numa dramatização faz que o paciente se liberte da realidade. É um processo de cura similar à injeção de soro de varíola, que produz uma completa libertação da doença. O paciente age como um dramaturgo que escreve Hamlet para exorcizá-lo de si.

A atuação de papéis como terapia mental parece contradizer o fato de que é alto, se comparado com outras ocupações, o índice de atores profissionais que são desajustados mentalmente e de fato perturbados. Nesse caso, pode-se levantar a questão: o que acontece com a atuação de papéis praticada sistematicamente no cotidiano, que não resulta, por si mesma, em uma terapia de papel para os indivíduos que estão sofrendo? A resposta é que se incluem sob o nome de atuação de papéis diversas operações que conflitam ou são opostas entre si. Elas contradizem em particular a descoberta que fizemos de que a espontaneidade – autoespontaneidade e contraespontaneidade – é especificamente relacionada com a unidade de psicocatarse. O ator profissional do palco convencional é tudo menos espontâneo. Ele tem de sacrificar seu si-mesmo e os papéis que gostaria de inventar para o si-mesmo e os papéis que um dramaturgo elaborou para ele. No processo de adaptação a esses papéis, ele pode muito bem desenvolver uma espécie de distúrbio de personalidade, que pode ser chamado de "neurose histriônica". Sua espontaneidade própria precisa retroceder diante da espontaneidade de outra mente.

Outra questão tem sido frequentemente levantada: "Se é a espontaneidade que ajuda o ator a purgar-se de seu estresse e de suas tensões, como atores treinados em escolas dramáticas por meio de improvisações não se mostram nem melhores nem piores?" "Por outro lado", o questionamento segue, "conhecemos atores treinados no *Impromptu* que são mais inseguros do que outros, no palco, quando fazem Romeu ou Hamlet". Essa observação é provavelmente correta e pode ser explicada pela dinâmica da atuação de papéis. Já falei muitas vezes a respeito do dilema do método "meio criativo". Se um estudante de teatro vivencia uma série de ab-reações espontâneas, utilizando-as como degrau para o ensaio de um papel concreto, como Romeu ou Julieta, ele tenta juntar dois processos de aquecimento que são contraditórios entre si.

Crítica da dramatização espontânea

Muitas vezes me perguntam: "Por que deveríamos introduzir a dramatização espontânea?" Do ponto de vista do espectador não parece essencial a forma como se faz uma produção, ou seja, se ela foi feita por métodos convencionais de ensaio ou por técnicas espontâneas. O que importa é o produto final, o que o público vê.

Mas o ponto de vista do ator é de fundamental importância, mesmo que pudéssemos dispor da visão do espectador e acreditar que tudo que ele espera receber é entretenimento, que os fins justificam os meios e que o processo não importa tanto para ele. Isso é uma falácia. Do ponto de vista do teatro da espontaneidade, todos são atores, não somente as pessoas que estão no palco, mas também cada um dos espectadores no auditório. Portanto, se a espontaneidade é importante para o ator que está no palco naquele momento, ela é de igual importância para cada uma das pessoas, mesmo aquelas da plateia. Elas se tornam conscientes da relatividade do diálogo que acontece num drama escrito. O dramaturgo é uma pessoa única, sua linguagem tem um caráter individual. O diálogo em torno de um problema dramático pode ter, pelo menos em princípio, para cada indivíduo uma versão individual, ou seja, cada um é o seu próprio dramaturgo.

Outro problema importante foi levantado pelos críticos das apresentações do teatro espontâneo. Um ator tem de contribuir para a invenção, não apenas por gestos, mas também por diálogos e pela interação. Ele é por isso mesmo ameaçado por dois perigos: falhar na mímica, na produção poética ou em ambas. Além disso, os atores costumam passar por períodos de tensões variáveis, ou seja, determinado ator pode estar em forma ou fora de forma. Não existe outro tipo de criação humana no qual uma fase de desempenho superior possa ser seguida tão rapidamente por uma atuação amadorística. O homem aparece aqui no seu melhor, tanto quanto em toda sua miséria, em toda sua inferioridade.

História do palco experimental da espontaneidade

Em 1922, estabeleceu-se em Viena um palco experimental para peças espontâneas. O primeiro palco para a espontaneidade foi nos jardins públicos de Viena, no meio de qualquer grupo que se juntasse em torno do autor. Contos de fada eram contados de maneira espontânea. Os primeiros experimentos espontâneos começaram em 1911. Era um teatro para crianças. Os experimentos do primeiro ano se basearam na espontaneidade crua de um único ator. Quando constatamos um número crescente de falhas, mesmo no interjogo de atores habilidosos, buscamos analisar essa forma primitiva da atuação espontânea. Onde estava o problema? Por que é possível a um ator apresentar um tema adequadamente, sob certas condições, enquanto ele falha quando ocorrem mudanças no número de atores, na personalidade dos atores, no tema ou no cenário? Concluí que o instinto e a intuição são suficientes para a produção da espontaneidade de uma única pessoa, mas o interjogo é um problema social. Aqui se torna indispensável o acréscimo de uma inteligência planejadora – espontaneidade planejada.

Em nossa pesquisa da espontaneidade, começamos com uma descrição exata do processo interno de cada ator durante sua interação. Prosseguimos examinando todas as possíveis variações de um mesmo tema, de acordo com o número de pessoas, as atribuições de papéis, a rapidez da cena, a liderança, o tipo de cenário e o tamanho do público. Fomos além, examinando os temas e os próprios enredos. Tentamos determinar para cada enredo o seu potencial de encenação – fácil ou difícil. Descobrimos obstáculos, mas também caminhos para superá-los. Descobrimos a possibilidade de orientar sistematicamente os procedimentos da espontaneidade.

Terceira parte
O teatro terapêutico

O lugar

O teatro convencional não se envergonha: ele surge em dado lugar, o propósito é preestabelecido, ele se dedica à ressurreição de um drama escrito e está disponível para todos, sem discriminação.

Mas o grande símbolo do teatro terapêutico é a privacidade do lar. É aqui que emerge o teatro no seu sentido mais profundo, porque os segredos mais caros resistem violentamente a ser tocados e expostos. Ele é completamente privado. Mesmo a primeira casa, o lugar onde a vida começa e termina, a casa onde se nasce e a casa onde se morre; a casa das relações interpessoais mais íntimas se torna um palco e um pano de fundo. O proscênio é a porta da frente, a janela da sacada e a varanda. A plateia está no jardim e na rua.

O ideal é ser livre de restrições; de um lugar e de um produto criativo predeterminados. Ambos limitam a plena e irrestrita emergência da espontaneidade. No teatro convencional, nem o momento nem o lugar são livres. Ambos são predeterminados em conteúdo e forma − a peça escrita e a produção ensaiada estabelecem o momento e o aprisionam; a estrutura do teatro antecipou o propósito da construção e portanto tornou o espaço não livre para o surgimento verdadeiramente espontâneo de um ato criativo. No teatro para a espontaneidade o momento é livre de verdade, presente em forma e conteúdo, mas o lugar é secundário e derivado. No teatro terapêutico, a forma suprema do teatro, tanto espaço quanto momento são originais. O lugar primário da experiência, o lugar de nascimento, é o *locus nascendi* do teatro. O momento primário da criação é o *status nascendi*. Aqui o verdadeiro tempo e o verdadeiro espaço são trazidos a uma síntese.

O jogo espontâneo de papéis dá a "prova metaprática" de um âmbito de liberdade, no qual a ilusão é estritamente separada da realidade. Mas há um teatro no qual a realidade ou o ser são provados pela ilusão, um teatro que restaura a unidade original entre as duas metazonas. No teatro terapêutico, por meio de um processo de autorreflexão bem humorada, a realidade e a ilusão são uma coisa só.

Os atores do palco terapêutico

Os atores do palco terapêutico são os habitantes da casa. Se uma pessoa vive sozinha, a procissão de sensações, sentimentos e pensamentos de um mundo pessoal, privado, pode acontecer como num sonho, sem resistência. Mas quando duas pessoas vivem juntas e se encontram diariamente, começa a verdadeira situação dramática, propiciando alegria ou sofrimento. É essa situação que produz o conflito. Ela transforma em comunidade os habitantes solitários da casa.

A partir do momento em que o conflito é colocado, o fato brutal do espaço e tempo que eles compartilham se alarga, ampliando sua rede de relações e a intensidade de seus problemas. A ansiedade na casa pode tornar-se tão grande que nenhum deles é ajudado pelo silêncio, porque nela vivem dois ou mais. Uma conversa também não ajuda, porque o incômodo não está apenas no seu intelecto, já habita seu corpo. Nenhuma mudança pode ajudá-los agora, nem mesmo a mais plausível, ou seja, a morte. Trata-se de uma situação de dois seres que não se compreendem mutuamente, em decorrência e apesar da maior clareza e conhecimento que têm um do outro. É uma situação de duas almas às quais nada pode ajudar, nenhuma transformação no

O TEATRO DA ESPONTANEIDADE ■ 133

intelecto, na mente ou no corpo, apenas o amor. Tudo que acontece e que se tenta é inútil. Eles vivem numa eterna recorrência e aprofundamento dos mesmos problemas. E mesmo a autodestruição levaria aqui somente à negação e à eliminação da consciência, não do conflito. O conflito é eterno. O nó não é desatado, é apenas cortado. A casa em que eles vivem é uma proteção contra a bisbilhotice, o corpo que os rodeia é uma barreira contra qualquer comunicação ou encontro indesejados. O conflito é um pretexto interno para que se escondam ainda mais.

Mas nesse labirinto de complicações com pai e mãe, esposa e filho, amigo e inimigo, acumuladas no decorrer de uma vida, que vai se ampliando devido a compreensões e incompreensões, uma questão se coloca ao final: como salvar o nascimento, a bondade, a verdade, a mentira, o assassinato, a fofoca, o ódio, o medo, o horror, a dor, a estupidez, a loucura, o reconhecimento, o conhecimento, a fuga, a morte, o luto, a salvação, as ilimitadas variações e as combinações desses processos? E todos devem ser salvos uma vez que são todos genuínos, emergem espontaneamente e fazem parte da vida.

Isso pode ser feito por meio do último teatro, o teatro terapêutico. As pessoas representam para si próprias a mesma vida novamente, como fizeram em algum momento, a partir da necessidade, num equívoco de autoconsciência. O lugar do conflito e de seu teatro é único e é o mesmo. Elas não querem passar por cima da realidade, elas a trazem. Revivem-na, tomam-na nas mãos, não apenas como seres fictícios, mas como existência verdadeira. Se não fosse assim, como poderiam elas, de outra forma, fazê-la renascer? É exatamente isso que elas fazem. Sua vida inteira é revista, com todas as complicações mútuas; na dimensão do tempo, nenhum momento, nenhum aspecto é eliminado dela; cada momento de tédio é retomado, cada questão, cada caso de ansiedade, cada momento de retiro interior, tudo volta a ser vivido. Não se trata apenas de voltar atrás e repetir os diálogos; o corpo também rejuvenesce. Seus nervos, seus batimentos cardíacos, tudo volta a atuar a partir do nascimento, como se fossem reconvocados por uma memória divina, como o plano preestabelecido de um universo gêmeo, porém idêntico. Todos os seus poderes, feitos e pensamentos aparecem no cenário, em seu contexto e em sua sequência originais, réplicas das fases que atravessaram em algum momento. O passado é retirado de seu ataúde e se apresenta no momento em que é chamado. Ele não emerge apenas para curar-se, para alívio e catarse, mas é também o amor por seus próprios demônios que impulsiona e desencadeia o teatro. Para que possam ser retirados de suas gaiolas, eles abrem as feridas mais profundas e secretas, e sangram diante dos olhos do povo.

Os espectadores do teatro terapêutico

Os espectadores do teatro terapêutico são a comunidade como um todo. Todos são convidados e se reúnem diante da casa. O psicodrama não pode começar enquanto o último habitante da cidade não estiver presente.

O significado do teatro terapêutico

No entanto, essa louca paixão, esse desvelar da vida no plano da ilusão não renova o sofrimento, antes confirma a regra: toda verdadeira segunda vez é uma liberação da primeira.

Falar em libertação é exagero porque a repetição completa de um processo faz que seu tema pareça louco ou ridículo. A pessoa consegue um avanço na vida, para além de tudo que fez e faz, do *ponto de vista do criador*, a experiência da verdadeira liberdade, o libertar-se de sua natureza.

A primeira vez faz que, na segunda, a pessoa ria. Pelos caminhos psicodramáticos, a pessoa fala, come, bebe, procria, dorme, acorda, escreve, luta, briga, ganha, perde, morre, tudo de novo, uma segunda

O TEATRO DA ESPONTANEIDADE ■ 135

vez. Mas a mesma dor não afeta o ator e o espectador como dor, o mesmo desejo não o afeta como desejo, o mesmo pensamento não o afeta como pensamento. É indolor, inconsciente, irracional e imortal. Toda figura viva se nega e se resolve por meio do psicodrama. A vida e o psicodrama se compensam mutuamente e prosseguem, rindo. É a forma final do teatro.

O teatro da espontaneidade rompeu as cadeias da ilusão. Mas essa ilusão, quando atuada pelas pessoas que nela viveram de verdade, representa o rompimento das cadeias da vida – *das Ding ausser sich*. O teatro das últimas coisas não é o eterno retorno nietzchiano, que parte de uma necessidade eterna, mas exatamente o oposto. *É o autorretorno autoproduzido e autocriado. Prometeu se amarrou às correntes não para conquistar nem para se autodestruir. Ele, como criador, se apresenta uma vez mais e prova, por meio do psicodrama, que viver em grilhões foi um ato de sua livre vontade.*

Quarta parte

O teatro do criador

O drama da criação

É possível um teatro no céu? Pode Deus ser um ator? Como seria o palco no qual Deus, o ser perfeito, atuaria?

Aquele que ama a si mesmo ama ainda mais a ilusão. Quem ama a realidade ama o teatro ainda mais, porque essa é a razão pela qual as crianças gostam de representar. Para quem criou o mundo por si mesmo, não seria essencial à sua grandeza que ele adorasse repetir a criação como um dramaturgo em escala cósmica, não apenas para o próprio deleite, porque de fato não precisa de nenhuma confirmação, mas para o desfrute de suas criaturas?

O repertório do palco celestial inclui a eterna repetição de uma peça, a criação do universo. Inúmeros palcos são necessários para que esse drama seja representado. É um palco de muitos níveis, um mais alto que o outro e um conduzindo o outro. Em cada nível está um teatro e no nível mais alto está o palco do criador.

As estrelas aparecem no céu, começa a dramatização.

Primeiro ato

Jesus de Nazaré foi crucificado. Seus amigos estão esperando sua ressurreição. O amor por ele não morre com sua morte, eles não conseguem entender por que morreu. Não existe um Deus? Ele não é todo-poderoso? Não é verdade que nós fomos realmente criados?

Segundo ato

Os lamentos do povo chegam ao Criador e ele decide devolver a eles o amigo que morreu, em seu charme original, como era quando estava com eles. Mas Deus estava num dilema. De acordo com a regra da criação, para trazer um morto de volta ele teria de despertar uma vez mais todos os mortos, todos os que pereceram, todos os que se foram, enfim, todo o universo como se desenvolveu desde que foi criado. Ele teria de recriar aquilo que tinha acontecido de modo inocente, fazer de novo consciente e voluntariamente. Ele traz a criação novamente do nada, parte por parte, leva as imagens da criação uma vez mais por meio de um tempo fictício e de um lugar fictício, até o momento do clímax, quando renasce o mais nobre dos homens que haviam morrido. O mundo todo espera seu nascimento e se regozija triunfante.

Terceiro ato

Graças ao seu retorno, em ilusão, eles foram curados de sua miséria e do luto. Eles agradecem ao ressurreto, ressuscitado no teatro pelo poder de Deus.

Interpretação: o significado do teatro religioso

Existe uma diferença fundamental entre o teatro do criador e as outras formas de teatro até aqui apresentadas, inclusive o teatro terapêutico. No teatro celeste a ilusão não é ilusão, mas o verdadeiro ser; a criação do universo, até o presente momento, é vivida concretamente uma segunda vez por Deus e por todo o mundo, por todas as criaturas que Ele criou. Como a criação original ainda existe quando começa o psicodrama divino, o resultado é que todos os seres passam de forma simultânea pelos diferentes palcos de sua existência. Todo nascimento é duplo, como também toda morte. Todos os pensamentos são duplos, como também todas as emoções, todas as vozes são duplas como também todos os ouvidos, toda alegria é dupla como também toda miséria, todo amor é duplo como também todo ódio. Toda criatura é dupla, todo mundo é duplo. Deus tem um duplo.

A ressurreição do tempo total da criação até agora é sintetizada num único momento. O teatro do criador não produz nenhuma redução de sofrimento. A realidade, a vida e a morte, o amor e a miséria são ressaltados, proporcionalmente multiplicados e muito ampliados. O fato de a criação poder ser repetida torna sem sentido ser imortal.

De acordo com a lógica de Deus, quando Ele fala toda palavra se transforma imediatamente em realidade concreta. Quando um homem fala, suas palavras são apenas palavras. No teatro do universo, Deus continua a criação, sendo um criador no mesmo sentido em que o foi no primeiro dia da criação. O resultado da moralidade humana é este: nenhuma criatura sabe de qual mão de Deus ela vem, se da primeira ou da segunda, da séria ou da divertida, da triste ou da alegre. Nenhum homem sabe se é filho de Deus ou um dos atores de Deus no palco do universo.

Psicocatarse

Tentei redefinir o *status nascendi* do teatro e descrever suas versões básicas. Esse novo quadro de referência nos possibilita formular um novo ponto de vista, diferenciando-o da forma como Aristóteles apresentou em sua Poética: "A tarefa da tragédia é produzir [nos espectadores], por meio do medo e da piedade, uma liberação dessas emoções". A análise de Aristóteles baseia-se na tragédia terminada. Ele tentou derivar o sentido do teatro de seu efeito como um produto terminado, exercido sobre as pessoas durante a apresentação.

O terreno no qual este livro fundamenta sua análise do teatro não é um produto terminado, mas a realização espontânea e simultânea de um trabalho poético, dramático, em seu processo de desenvolvimento, a partir de seu *status nascendi*, passo a passo. E, de acordo com essa análise, a catarse acontece não apenas na plateia, um efeito secundário desejável, e não nas *dramatis personae* de uma produção imaginária, mas primariamente nos atores espontâneos, na dramatização que produz as *personae*, ao mesmo tempo libertando-os delas.

Diagramas de interação

Diagrama de ação[20]

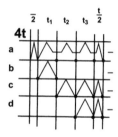

Segundo o diagrama, *a* (marido), *b* (esposa), *c* (filho) e *d* (filha) são os papéis assumidos por quatro pessoas. O diagrama total representa um processo de interação entre esses quatro atores. O enredo consiste de cinco cenas, três de igual duração (t_1, t_2 e t_3) e duas com metade da duração de uma unidade de tempo.

(Duração do enredo)
P = 4t, t = 5 minutos, p é 4 x 5 = 20 minutos.

a liderou a primeira cena, *b* assumiu o controle na segunda e *c* liderou a cena final.

---

20. Na versão original, em alemão, há oito páginas de diagramas, não incluídos nesta versão.

Diagrama de posições

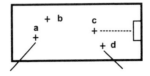

    Cada cruz indica a posição assumida no palco pelos quatro atores no início da interação.

Nota 1 – Alguns dados a respeito das relações do psicodrama com o teatro

O teatro do psicodrama tem origem no teatro da espontaneidade, o qual de início nada tinha que ver com terapia.

Ele introduziu uma nova arte teatral e dramática, denominada "arte do momento". Teve dois períodos. O primeiro foi o teatro da espontaneidade para crianças, em 1911, que acontecia principalmente nos jardins de Viena, mas também numa casa da rua Kaiser Josef. Elizabeth Bergner, que na época tinha cerca de 10 ou 11 anos, foi uma das estrelas. O segundo período está vinculado ao "*Stegreiftheater*", no Maisedergasse, perto da Ópera, um teatro da espontaneidade para adultos que ocorreu entre 1922 e 1925.

Numa primeira tentativa, foi uma espécie de teatro do drama espontâneo. Um de seus disparadores foi o *die Leendige Zeitung*, também chamado de *die Dramatisierte Zeitung*, mas ele sempre teve como referência a saúde mental e o valor educacional do treinamento da espontaneidade, transformando-se gradualmente em teatro terapêutico.

Uma das minhas maiores preocupações durante esse período foi a construção de um palco que atendesse às necessidades do novo teatro. Ele teve diferentes nomes, Zentral Buehne, Raum Buehne, Segreif Buehne etc. A primeira regra que formulei para a nova construção teatral foi que todos os acontecimentos no palco deveriam ser claramente visíveis de todos os cantos da plateia. Daí a construção de um palco redondo, ou circular, com a eliminação do *Guek Kasten Buehne* (palco buraco de fechadura). Outra consequência foi o palco "aberto", aberto de todos os lados, sem que o ator tivesse para onde escapar, sem cortina frontal e sem bastidores. O ator era lançado no espaço e tinha de atuar ali.

A ênfase era, portanto, na espontaneidade, no aquecimento e nos movimentos em cima do palco. Tudo que antes se passava nos bastidores agora acontecia diante dos olhos do público. Era o teatro da exposição e da exibição totais.

Outra consequência foi a eliminação do dramaturgo. Ele se tornou uma espécie de ponto criativo, coprodutor ao sabor do momento.

O palco aberto caminha lado a lado com a peça aberta.

É possível detectar uma relação entre o palco circular, aberto, do *Stegreiftheater*, e os experimentos russos de Wachtangow, Tairow e Mayerhold. A diferença entre a construção do meu palco e a dos russos era que seus palcos, embora revolucionários na forma, eram ainda dedicados a produções ensaiadas, sendo portanto revolucionários na expressão externa e no conteúdo do drama, enquanto a revolução que eu defendia era completa, incluindo o público, os atores, o dramaturgo e os produtores; em outras palavras, as pessoas e não apenas as formas de apresentação. Consequentemente, as formas da arquitetura dos palcos russos acabaram ficando mais ou menos no meio, entre dois extremos: de um lado o velho *Guck Kasten Buehne*, de outro, o palco aberto vertical e central do *Stegreiftheater*.

As influências sobre minhas ideias não vieram originalmente do teatro. Minha linha mestra eram os espaços abertos nos quais eu me movimentava e jogava com as crianças, numa tentativa de reproduzir de maneira arquitetônica esses espaços livres e abertos. Daí a liberdade de movimento permitida pelo palco, sua abertura, sua posição central e sua dimensão vertical. Mais tarde, encontrei paralelos históricos em algumas formas do palco grego, mais do que no formato shakespeariano.

Entre os atores que fizeram parte do *Stegreiftheater* estavam Peter Lorre, Anna Hoellering e Robert Grunwald, para mencionar apenas alguns deles. Muitos dramaturgos estiveram no *Stegreiftheater* e experimentaram desenvolver um drama de modo espontâneo, um drama que ainda não tivesse sido escrito por eles. Entre eles, George Kaiser e Franz Werfel. A ideia do *Stegreiftheater* chamou a atenção de muitos psicólogos e analistas, tais como Arthur Schnitzler, Alfred Adler, Theodore Reik, Siegfried Bernfeld, August Aichhorn.

O primeiro modelo de palco foi construído por Paul Honigsfeld e Peter Gorian, sob minha supervisão, e exibido em Viena, no Internationale Ausstellung neuer Theatertechnik, no ano de 1924.[21]

---

21. Para uma descrição da arquitetura, veja *Psicodrama*, São Paulo: Cultrix, 1991. p. 319-32.

Nota 2 – O teatro da espontaneidade e o método de Stanislavski

O teatro da espontaneidade não tem relação com o assim chamado método de Stanislavski. A improvisação, neste método, transcende o objetivo de representar um grande Romeu ou um grande Rei Lear. O elemento de espontaneidade existe aqui para servir à conserva cultural, para revitalizá-la.

O método de improvisação, como princípio básico a ser desenvolvido sistematicamente a despeito da conserva, assim como sua utilização consciente, estava fora do domínio de Stanislavski. Uma leitura cuidadosa de seu livro *A preparação do ator*[22], uma brilhante exposição da arte dramática, deixa claro esse ponto. Ele limitou o fator espontaneidade à reativação de memórias carregadas de afeto. Essa abordagem liga a improvisação a uma experiência passada, em vez de ligá-la ao momento. Mas, como sabemos, foi a categoria do momento que deu ao trabalho da espontaneidade e ao psicodrama sua fundamental revisão e direção.

A ênfase nas memórias carregadas afetivamente coloca Stanislavski numa relação curiosa com Freud. Este também tentou fazer

---

22. Constantin Stanislavski, *A preparação do ator*. Veja também *Minha vida na arte*.

seu paciente mais espontâneo da mesma forma que Stanislavski tentou fazer seus atores mais espontâneos ao atuar papéis conservados. Como Stanislavski, Freud buscou evocar a experiência concreta do sujeito, mas também preferiu, em vez do momento, as experiências intensas do passado, ainda que o fizesse para uma aplicação diferente – o tratamento de problemas mentais.

Embora trabalhando em campos diferentes, Freud e Stanislavski são parceiros.

É interessante comparar com o meu teatro da espontaneidade a forma como Stanislavski aborda o teatro convencional. Stanislavski era um ardente protagonista do teatro de conserva, o teatro de Shakespeare, Racine, Moliére e Checkhov. Sua maior ambição era reproduzir o mais dinâmica e perfeitamente possível a obra do dramaturgo. Ele buscava inventar meios pelos quais pudesse liberar o organismo do ator dos clichês e torná-lo tão livre e criativo quanto possível, tendo em vista aquela tarefa. A fim de prepará-lo, utilizou também a improvisação.

Mas ele não se dava conta do conflito psicológico profundo no qual o ator se envolvia pelo fato de utilizar a improvisação – por meio da recordação e da atuação de vívidos incidentes emocionais do seu passado – e, ao mesmo tempo, ensaiar papéis, situações e diálogos criados e organizados para ele por um dramaturgo. Seu ator, por trabalhar em duas dimensões, desenvolve um processo de aquecimento numa linha espontânea que é abortivo e embrionário, para ser apagado mais tarde, e outro processo de aquecimento, organizado e conservado, que consiste em absorver e traduzir as inspirações recebidas daquilo que nós, psicodramatistas, chamamos de estados espontâneos em frases conservadas e não criativas, ou seja, não criadas pelo ator.

Nós, no teatro da espontaneidade, demos fim a esse dilema entre a dramatização espontânea e a dramatização conservada rígida. Descobrimos que não podemos liberar o ator de clichês pela improvisação e, então, enchê-lo cada vez mais com clichês, os clichês de

Romeu, Rei Lear ou Macbeth. Foi um ponto de partida importante o momento em que decidimos jogar fora todos os clichês de papéis, permitir ao elenco ser totalmente espontâneo e criativo e desenvolver papéis *in status nascendi*.

Assim como Stanislavski era um adepto consciente da conserva dramática, nós nos tornamos protagonistas conscientes do drama espontâneo. Eu tinha plena consciência de que a tarefa de produção tinha sido complicada enormemente e formulei uma arte do momento em contraste com a arte da conserva, que tinha dominado, pelo menos em nossa civilização, o teatro e seus disparadores. Mostrei antes que a *Commedia dell'Arte* da Itália medieval não fica excluída da interpretação fornecida aqui.[23]

O passo que foi dado na direção da completa espontaneidade do ator possibilitou o passo seguinte, a desconservação intermitente do ator dos clichês que poderia ter acumulado no decorrer de sua produção ou de sua vida, e então, finalmente, o terceiro passo, o treinamento consciente e sistemático da espontaneidade. Foi essa metodologia de treinamento que preparou o caminho para o psicodrama.

Uma vez que permitimos ao ator uma completa espontaneidade, todo o seu mundo privado, seus problemas pessoais, seus conflitos, fracassos e sonhos vieram à tona. Fui reconhecendo, pouco a pouco, o valor terapêutico que esse tipo de representação tinha para o próprio ator e, quando adequadamente manipulado, o valor terapêutico que tinha para o público.

---

23. Veja a obra *Psicodrama*, São Paulo: Cultrix, 1991. Neste livro, veja a seção "Diferença entre improvisação e dramatização espontânea", p. 119-122.

O teatro da espontaneidade – Um esboço de sua história em manchetes

Algumas reações ao teatro da espontaneidade, ao jornal vivo e ao teatro do psicodrama, selecionadas de jornais e revistas da Europa e dos Estados Unidos, de 1º de abril de 1921 até 30 de junho de 1931 – uma revisão cronológica.

O teatro da espontaneidade na Europa

Sociodrama no Komoedienhaus

O dramaturgo se apresenta ao público como o rei Jester, que está procurando o Rei do Mundo, aquele que não pode ser escolhido, mas deve ser reconhecido porque existe como uma ideia e habita o coração da humanidade. A apresentação foi recebida pelo público com vaias, que às vezes perturbavam a produção. Mas havia também alguns seguidores do Werfel, que tomaram entusiasticamente o partido do misterioso poeta.

Wiener Mittagszeitung, 2 de abril de 1921

Viena tem uma trupe dirigida por J. L. Moreno que, em vez de reproduzir textos escritos, improvisa-os no momento. Garanto a vocês que isso pode ser mais divertido e impressionante do que o trabalho de nossos clássicos, inclusive Strindberg.

Paul Stefan, *Die Stunde*, Viena, 5 de maio de 1924

Nem mesmo a melhor imaginação consegue prever os acontecimentos futuros. Somente a experiência nos possibilita compreender todo o significado de seu teatro. É equivocado encarar o *Impromptu* como mero substituto do teatro convencional. Visto sob a luz adequada, é o experimento mais interessante e estimulante da atualidade.

Richard Smekal, *Neues Wiener Journal*, Viena, 16 de junho de 1924

O poeta se coloca no meio dos atores e transmite a eles sua ideia. A cortina sobe imediatamente depois e eles começam a atuar. A peça, chamada *Imagination*, "era simples, compacta e criativa em sua representação".

Joseph, *Welt Blatt,* Viena, 21 de abril de 1924

Contrastando com o teatro problema de nossos dias, e depois dele, o teatro *Impromptu* de Moreno oferece uma recriação real e perspectivas completamente novas... Os espectadores são levados a uma situação nova, uma vez que estão conscientes do caráter acidental do que acontece no palco. Como a própria vida, ele tem a emoção e a excitação do inesperado.

Robert Muller, *Prager Presse*, 13 de março de 1925

É bom lembrar que foi ninguém menos que Goethe quem sugeriu o teatro *Impromptu*. No livro II, capítulo IX do *Die Lehrjahre*, ele diz que o *Impromptu* "deveria ser introduzido em todo teatro. O elenco deveria exercitar-se regularmente dessa forma, e o público por certo se beneficiaria se uma peça não escrita fosse representada uma vez por mês". Que mudança nos objetivos do teatro!

Dr. Hans Knudsen, *Berliner Boersen Zeitung*, Berlim, 15 de março de 1925

Não é impossível, com base no que sabemos da história de nossa evolução espiritual, que o Teatro *Impromptu* seja o teatro do futuro.

Leipziger Neueste Nachrichten, Leipzig, 21 de dezembro de 1924

O movimento não se limita aos círculos teatrais austríacos. Sua influência se espalha pela Alemanha, de norte a sul.

Rheinische Musik und Theater Zeitung, 19 de julho de 1924

O próprio cérebro é utilizado como repertório. O teatro é um teatro de estreia, apenas. Acreditamos nele. Ele desce até os fundamentos da real substância do teatro.

Ariadne, Berlim, dezembro de 1924

Eles usam o teatro como jornal!

Giacomo Boni, *Il Sereno*, Roma, 26 de novembro de 1924

Que espetáculo interessante – *Impromptu*. Imagine, caro leitor, o público sugere peças aos atores, o próprio público pode atuar.

Haagsche Courant, Haia, 27 de fevereiro de 1925

O teatro da espontaneidade nos Estados Unidos

Primeiras críticas

Não exatamente um livro de arte, mas um livro que seguramente pode provocar controvérsia generalizada é *Das Stegreiftheater*, publicado recentemente pela editora Gustav Kiepenheuer e *Das Stegreiftheater* [...] pode muito bem ser chamado de "Teatro Impromptu". Mas o autor não tentou, de maneira alguma, fazer uma dissertação a respeito do palco amador ou do "pequeno teatro". Ele produziu obra séria e filosófica, para mostrar que o "Teatro Impromptu" (ou teatro de improviso ou imediato, como quiserem) é o teatro que realmente vive, enquanto nosso teatro atual já passou.

O autor insiste que o teatro real pode ser encenado, ou mais exatamente improvisado, por indivíduos que não precisam ser atores, com o cenário real desenhado por pessoas que não precisam ser artesãos, e com peças criadas por dramaturgos que não precisam ser escritores. [...] No final do livro, entretanto, há vários gráficos mostrando modelos de palcos e um conjunto do que o autor chama de "escalas improvisadas" para as diferentes peças que ele sugere no texto.

[...] O livro seria do interesse daqueles que encaram o teatro de um ponto de vista idealista, e com certeza provoca discussão entre os que estão engajados nos vários movimentos de teatro mundo afora.

The Chicago Evening Post, Magazine Section, 1º de dezembro de 1925

"Church and Drama ouve Dr. Moreno"

MÉDICO EXPÕE *IMPROMPTU* COMO SOLUÇÃO PARA
PROBLEMAS DE TREINAMENTO DE CRIANÇAS

[...] A Liga [*Church and Drama*] estuda agora a possibilidade de educar os jovens dando a eles uma saída para suas emoções e para sua imaginação, por meio de orientação em vez de repressão.

Encontrou-se uma provável solução para esse problema naquilo que é chamado *Impromptu*. A Liga está agora possibilitando ao distrito de Nassau-Suffolk informar-se a respeito desse método. Por uma cortesia do Dr. J. T. P. Calkins, superintendente das escolas Hempstead, o auditório do Hempestead H. S. foi reservado, na tarde de 19 de abril, às 15 horas, para uma conferência do Dr. Jacques L. Moreno, a respeito do tema.

Brooklyn Times, 15 de abril de 1928

"Crianças representam a Convenção pelo Teatro *Impromptu* de Viena"

MOBILIZA A CAPACIDADE CRIATIVA

Tendo como palco o gramado entre a histórica Igreja de Plymouth e o Instituto Plymouth, um grupo de jovens atores encenou na tarde de ontem vívidas cenas da convenção do Partido Democrático, sob a direção espontânea do Dr. Jacques Moreno, de Viena.

Os meninos e meninas, com idades entre 4 e 16 anos, são alunos da escola *Impromptu*, do Dr. Moreno, a única instituição desse tipo na América. O Dr. Moreno organizou a escola *Impromptu* em Viena, em 1910, e o movimento se espalhou mundo afora. Sua experiência com os alunos na classe da Srta. Beatrice Beecher, no Instituto Plymouth, é considerada uma mudança radical em relação à velha ideia de teatro neste país.

Os jovens, entrando no espírito da escola *Impromptu*, que segundo o Dr. Moreno mobiliza sua capacidade criativa, dão sua interpretação do movimento *wet and dry*[24] da convenção. Um rapazinho, representando o prefeito Walker, foi tão afável e risonho quanto o elegante executivo da cidade.

---

24. Disputa entre defensores (*dry* = seco) e opositores (*wet* = molhado) da proibição de bebidas alcoólicas ("Lei Seca"), nos Estados Unidos. Mais tarde, nos anos 1980, a mesma designação foi recuperada na Inglaterra para nomear os defensores e opositores da política econômica de contenção de gastos do governo conservador. [N. T.]

Uma garota de 10 anos fez o papel da Sra. Woodrow Wilson, atuando como pacificadora entre os *wets* e os *dries*. Entre os momentos divertidos da peça estão contrabandistas de bebidas fazendo suas vendas entre os constrangidos delegados, um vaqueiro empunhando o laço e um discurso apaixonado do senador Reed.

"Dava-se uma sugestão à criança e ela reagia rapidamente." [...] "Isso mobiliza a capacidade criativa das crianças. Nesta época mecanizada, somos esmagados, encurralados. Nossa originalidade é sufocada. Esse movimento de improvisação pode nos salvar de sermos transformados em meras máquinas."

Brooklyn Eagle, maio de 1928

"Projeto *Impromptu* utilizado em educação"

CRIANÇAS DA NEW BROOKLYN SCHOOL APRENDEM A EXERCITAR A ESPONTANEIDADE EM VEZ DE DEPENDER DE HÁBITOS PADRONIZADOS

O método *impromptu* de educação, experimentado durante alguns anos na Áustria e em outros países europeus, foi introduzido, no ano passado, em Nova York. A raça humana está entrando numa rotina [...] as pessoas precisam liberar-se de modelos aos quais a padronização as está confinando. Em outras palavras, diz o Dr. Moreno, o ser humano deve voltar à expressão espontânea se quiser romper as inibições sob as quais trabalha, devido aos métodos aceitos de educação.

[...] As crianças, diz o Dr. Moreno em entrevista, são dotadas do dom da expressão espontânea até os 5 anos, quando estão ainda num estado criativo inconsciente, livres das leis e dos costumes estabelecidos por uma longa sucessão de gerações precedentes. Depois disso, elas se tornam herdeiras de métodos de expressão consagrados; tornam-se imitadoras, transformam-se em autômatos e, em larga medida, privadas das saídas naturais da criação volitiva.

O TEATRO DA ESPONTANEIDADE ■ 159

Para explicar esse ponto de vista, o Dr. Moreno toma como exemplo a criança que entra na escola. Ela recebe uma peça para recitar, uma peça escrita por um adulto, com uma forma de entrega prescrita por uma mente adulta. Se a criança não se encaixa no padrão requerido, é aconselhada a observar Mary ou John e instruída a moldar-se de acordo com aquelas diretrizes. Em certa medida, isso continua em todas as formas de educação e de experiência social, e logo o indivíduo é agregado a uma forma estabelecida, tendo perdido muito de sua capacidade de dar vazão aos sentimentos naturais, e temendo fazer isso quando tem necessidade.

"As ciências psíquicas e mecânicas, sozinhas, são incapazes de suprir nossa juventude com métodos eficientes de orientação [...] e é essa inadequação que nos força a procurar outros métodos. É aqui que o método *impromptu* se oferece. Ele atribui um novo significado às explosões de espontaneidade dos primeiros anos da infância e afirma que a improvisação tem importância fundamental para o crescimento mental e emocional, semelhante à importância da luz para o crescimento físico."

[...] O Dr. Moreno vê três importantes fases no movimento *impromptu*: sua relação com o teatro, com a educação e com a clínica. Na escola ou na aula *impromptu*, são dados três testes a quem está entrando, chamados de imaginação, mímica e personagem. O estudante, confrontado com uma situação inesperada, que deve desenvolver sem pensar previamente, revela ao observador experimentado muitos aspectos de sua inteligência e de seu caráter. Às vezes, o Dr. Moreno busca sua temática em casos concretos da vida do aluno e, de súbito, o tema desnuda impulsos que são desconhecidos dele mesmo e dos que lhe são próximos.

New York Times, fevereiro de 1929

"Entra e sai dramático"

Um teatro no qual os atores não precisam memorizar um texto e os espectadores têm liberdade para circular pela ribalta e interferir na peça sempre que movidos por uma necessidade criativa [...] o Teatro *Impromptu* atrai uma das mais interessantes e curiosamente variadas montagens na Big City. Coristas e professores, estudantes universitários e donas de casa, um advogado, um motorista de táxi e um músico concertista são amostras do público que encontramos lá, numa recente visita.

Meia centena de pessoas sentadas ou esparramadas na sala, em cadeiras, almofadas e no chão.

[...] Um episódio dramático completo começou, imediatamente, a ser construído. Havia uma progressão inteligente da conversação, suas sequências eram lógicas e a estrutura caminhava para um clímax satisfatório [...] À medida que prosseguia a dramatização, toda a plateia foi sentindo uma necessidade crescente de representar, até que, ao final, o Dr. Moreno sugeriu um jogo massivo, no qual cada pessoa presente oferecia uma reação determinada a uma situação comum.

The Paterson Press-Guardian, 27 de maio de 1930

"E agora, o Teatro *Impromptu*"

NOVA-IORQUINOS ASSUMEM A IDEIA DE PEÇAS QUE SÃO MONTADAS DIANTE DE SEUS OLHOS

Um estúdio de porão [...] é a sala de um acontecimento único. É o Teatro *Impromptu*, no qual os atores não têm papéis para memorizar nem ensaios para frequentar. Na verdade, tudo é improvisado – os dramaturgos, as peças, os atores, a música, a dança e até mesmo os adereços.

A atuação espontânea, segundo o Dr. Moreno [...], é uma preparação para enfrentar as exigências da vida com calma e equilíbrio.

"A vida real", diz ele, é feita de sequências infinitas de situações inesperadas e, portanto, *impromptu*, que não são escolhidas pelo indivíduo, mas acontecem para ele. Nessas situações, a pessoa segue um hábito cego e obedece o mecanismo estabelecido em experiências prévias ou pode agir espontaneamente, modificando de forma radical o mecanismo, sob o estímulo da chave mestra, de seu estímulo para criar.

[...] Até agora [o Dr. Moreno] tem obtido sucesso na divulgação de sua ideia do "*impromptu*", desde a atuação teatral criativa até a composição musical, a dança, a pintura e até mesmo o treinamento de crianças.

New York Sun, 8 de agosto de 1930

"Atores de faz de conta num teatro do improviso"

QUANDO OS PARTICIPANTES ENCONTRAM, POR MEIO DA ATUAÇÃO,
A SAÍDA PARA SITUAÇÕES DIFÍCEIS

[...] O Teatro *Impromptu* foi fundado há um ano pelo Dr. J. L. Moreno [...] "A atuação de improviso pode ser considerada um esporte cerebral, uma vez que exercita a mente e as emoções.

[...] Até determinada idade, todo aprendizado da criança é espontaneamente adquirido. [...] Logo, porém, os adultos começam a introduzir no mundo da criança temas não relacionados com as necessidades delas. Daí em diante, a pequena vítima é pressionada por inúmeros sofismas adultos, aprendendo poemas, lições, fatos, canções etc. – todos substâncias estranhas dentro de um organismo. A criança começa a aceitar como superior aquilo que lhe é ensinado e a desacreditar de sua vida criativa. Assim, muito cedo na vida, há uma tendência a estragar e a desviar os impulsos criativos.

Aqui, o *impromptu* vem para resgatar. Ele oferece uma escola de treinamento que pode ser praticada em grupos pequenos ou grandes, ou dentro do próprio círculo familiar. O método do *im-*

promptu se preocupa com o estado mental e emocional. Nós fazemos e aprendemos coisas porque estamos em determinados estados – estado de medo, de amor, de entusiasmo, de aspiração etc. Esses estados podem ser diretamente afetados pelo estímulo e pelo controle da imaginação e da emoção. Quando o instrutor do *impromptu* percebe que o aluno está desprovido de determinado estado – por exemplo coragem, alegria etc. –, ele o coloca numa situação específica na qual o estado faltante vai ser enfatizado. O aluno joga aquela situação, dramatizando o estado *impromptu*. Em outras palavras, se está faltando coragem, ele "joga" a coragem até aprender a ser corajoso.

Brooklyn Eagle Magazine, 25 de outubro de 1930

"O público cria e representa sua própria peça"
SE VOCÊ ACHA QUE O TEATRO ESTÁ DOENTE, O DR. J. L. MORENO
[...] OFERECE À SUA CONSIDERAÇÃO UM NOVO DIAGNÓSTICO

"A origem da enfermidade do teatro pode ser expressa numa frase: textos rígidos predeterminados", ele declara.

[...] Na vida, como ele afirma, ninguém escreve nossos textos para nós. O teatro deve expressar a vida. Assim, textos no teatro são uma incongruência.

New York World, 15 de fevereiro de 1931

"Culto baseado no teatro e na música"
ELE É CHAMADO DE *IMPROMPTU*, E AS REPRESENTAÇÕES
SÃO IMPROVISADAS

As almas ingênuas que acreditam que não existe nada de novo sob o sol ficarão surpresas e chocadas com algo muito novo sob o teto do Guild Theater, na noite do domingo 5 de abril.

Impromptu é a palavra. No palco, uma peça que nunca foi ensaiada, nunca foi escrita e, entretanto, será representada por atores que não conhecem seu tema até a noite de estreia. Haverá orquestra, que deve criar sua música à medida que a representação vai acontecendo. *Impromptu* é a palavra, precisamente.

Falando claro, o que se pretende é uma guerra. É uma declaração de guerra contra esses lamentáveis robôs, tais como livros, filmes falados, fonógrafos e coisas semelhantes.

[...] Os músicos vão tocar "com" seus instrumentos, e não "neles", é como Moreno o explica.

New York Morning Telegraph, 25 de março de 1931

"*Impromptu* pronto para o teste do palco"
O PÚBLICO PODE VER COMO ELE FUNCIONA

É possível que um dramaturgo esboce uma nova peça em poucas tensas palavras e produza uma representação terminada, embora improvisada, com base na reação espontânea dos atores aos quais se dirige? Podem os membros de uma orquestra, todos cooptados pela simples menção de um tema ou motivo, improvisar a música simultaneamente e ainda conseguir uma perfeita harmonia?

[...] O público do Guild Theater poderá ver, domingo, notícias dos fatos atuais, criado no palco diante de seu nariz, atuado sem nenhum tipo de ensaio. Será possível ler no *Sun,* sábado à noite a notícia de um roubo a banco, uma cerimônia pública ou a morte de uma pessoa importante e ver esse mesmo incidente retratado no palco apenas 24 horas mais tarde.

"Decidimos incluir notícias em nossa programação", afirmou hoje o Dr. Moreno, "porque muitas pessoas inicialmente acham difícil acreditar que a atuação não foi ensaiada. A apresentação de notícias de última hora vai demonstrar de fato que nossas produções são absolutamente espontâneas" [...]

Um dos aspectos mais importantes do *impromptu* vai ser exemplificado por uma orquestra de sete músicos, inclusive membros da Philarmonic-Symphony Orchestra, regida por Jack Rosenberg. A orquestra vai mostrar que é possível improvisar música de forma concertada sem que resulte em cacofonia.

O *Impromptu* é mais do que uma farsa badalada; mais que uma acrobacia para ajudar atores e músicos num período de depressão teatral, disse o Dr. Moreno. O *Impromptu* é um antídoto para a idade da máquina, um remédio para o robô. Ele procura empurrar os homens e as mulheres para fora da rotina da existência padronizada, confrontando-os com situações incomuns e inesperadas que despertem a necessidade criativa que eles não encontram no dia a dia.

[...] Enquanto espera a construção de um teatro especial *impromptu*, equipado com o auditório circular que o Dr. Moreno preferiria, a organização mantém um estúdio no Carnegie Hall.

New York Sun, 30 de março de 1931

Lincoln, o ator

[...] O método psicanalítico, diz o Dr. Moreno, não se desenvolveu o bastante, a ponto de tentar uma análise de Lincoln. Não somente não existe um especialista em psiquiatria que tenha um conhecimento direto de Lincoln [...] como também um gênio desse tipo foi capaz de desempenhar papéis e dizer muitas coisas que poderiam ser explicadas de múltiplas maneiras.

Gazette, Reno, Nevada, 5 de junho de 1931

Quinta parte

Goethe e psicodrama

Relação do processo delirante em *Lila*, de Goethe, com a psicologia analítica e com o psicodrama[25]

GOTTFRIED DIENER, PhD
Bamberg, Alemanha

A conscientização acerca de experiências de fantasia e imagens psicóticas, assim como sua interpretação e compreensão, dão a contribuição necessária, mas não suficiente, para uma terapia bem-sucedida.

A exposição e o esclarecimento psicanalíticos do mundo imagético que emerge do inconsciente, por meio da associação e da interpretação de palavras, não são eficazes nos estados profundos de depressão ou esquizofrenia. Isso decorre, particularmente, do fato de o paciente que sofre de problemas emocionais e psicóticas não conseguir manter um diálogo efetivo, num tratamento durante o qual ele deve permanecer em posição horizontal, no divã do analista. Até mesmo o tratamento que, no caso de uma neurose, pode ser bem-sucedido pela transferência para o terapeuta, é mais difícil, se não impossível, no tratamento da psicose. É bastante sabido que o mero falar sobre problemas traumáticos, assim como sobre sonhos e imagens fantasiosas, associado

---

25 . Excertos de *Goethe's Lila, treatment of a psychosis through psychological cure*, comparação das três versões de "Lila", com textos e notas inéditos, com o psicodrama (p. 189-201), publicado por Athenäum, Frankfurt AM Main, Alemanha, 1971.

168 ■ J. L. MORENO

à interpretação, dificilmente consegue liberar o neurótico de suas repressões. E nunca é capaz de ajudar o verdadeiro psicótico a superar a distância entre a realidade e a alienação do seu ego.

A partir disso, criou-se o psicodrama, método que privilegia movimento, gestos, ação, associação livre por meio da ação livre, transferência para o terapeuta pela cooperação com o grupo todo, autocontrole por meio da espontaneidade, utilizando o jogo criativo para complementar ou mesmo substituir a análise.

"Há camadas profundas do psiquismo, o que não se podem atingir com a técnica da associação de palavras, porque fazem abaixo da formulação verbal", escreve J. L. Moreno, o inventor e principal praticante e teórico do psicodrama, "nas quais não se pode penetrar com a técnica da associação de palavras, porque elas estão abaixo das formulações da linguagem"[26]. A atuação psicodramática é também útil na psicanálise clássica, porque traz para a intervenção terapêutica as "dimensões (negligenciadas) de ações e processos psicomotores que subjazem à linguagem". A espontaneidade do paciente, que não é permitida nem deixada à vontade mas sim dirigida, pelo terapeuta, para temas e objetivos definidos, não se limita, no psicodrama, ao domínio verbal, mas [que] afeta todas as outras dimensões do diálogo, da ação, das relações interpessoais da expressão artística: dança, canto, pintura."[27]

Todos esses elementos estão combinados na cura psicodramática de *Lila*. Goethe, como conhecedor e produtor, como poeta dramático e diretor, consciente de todas as condições do psiquismo normal, tem consciência também dos efeitos terapêuticos do teatro (por exemplo, como Dr. Verazio, em *Lila*), a partir do qual, 150 anos mais tarde, o psiquiatra Moreno[28] desenvolveu seu método de tratamento.

---

26. *Psicoterapia de grupo e psicodrama − Introdução à teoria e à práxis.* Trad. Antonio Carlos Cesarino. São Paulo: Mestre Jou, 1974, p. 124.

27. *Op. cit.*, p. 331.

28. Para a história da terapia de grupo e do psicodrama, veja J. L. Moreno, "Das Psychodrama", em *Handbuch der Neurosenlehre und Psychotherapie,* Urban und Schwartzenberg, Munique e Berlim, 1959, vol. IV, p. 312.

O TEATRO DA ESPONTANEIDADE ■ 169

Moreno aplicou sua "teoria dinâmica de papéis" primeiramente em peças e grupos de discussão, no *Stegreif*, nos quais ele estimulava pessoas de faixa etária e de ocupação variadas, com consciência débil, não desenvolvida ou descontrolada (crianças e prostitutas em Viena) a atuar suas dificuldades e problemas psicológicos ao sabor do momento. Durante a Primeira Guerra Mundial, ele introduziu esse método num campo de refugiados próximo a Viena. Depois da guerra, fundou o *Stegreiftheater* (Teatro da Espontaneidade) em Viena, no qual veio a explorar as potencialidades terapêuticas da "atuação estruturada e ativa de situações psicológicas conflitivas".

Atualmente, investe no desenvolvimento da psicoterapia de grupo, que, contrastando com o método individual da psicanálise, trata o paciente dentro do quadro de referência e com a ajuda de um grupo. Moreno cunhou o termo terapia de grupo, o filho mais novo da psicoterapia de nossa época, o qual, segundo ele mesmo diz, "foi concebido na Europa mas nasceu nos Estados Unidos". Uma variante especial da terapia de grupo, é a atuação dramática de problemas individuais ou coletivos com a ajuda de todo o grupo. É o psicodrama.

Moreno levou as ideias a respeito de terapia de grupo e psicodrama da Europa para os Estados Unidos, onde elas encontraram maior difusão e aplicação mais intensa até o momento. Ele dirige atualmente o Moreno Institute, em Beacon, onde pacientes neuróticos e psicóticos trabalham seus conflitos psicológicos por intermédio do psicodrama.[29]

Na seção seguinte, vamos selecionar dentre os muitos formatos, métodos e campos de aplicação, somente aqueles que mostram alguma similaridade ou identidade com a psicoterapia de grupo aplicada em *Lila*. O "caso Lila" e seu tratamento representam, na terminologia de Moreno, a cura da psicose pela mescla de dois formatos, o psico-

---

29 . *Op. cit.*, p. 312 . Doravante, todas as referências no texto terão como base *Gruppenpsychotherapie und Psychodrama* ou *Handbuch der Neurosenlehre und Psychotherapie*.

drama "terapêutico" e o psicodrama "existencial", no qual se aplica o "método da realização simbólica".

No "psicodrama terapêutico", o paciente apresenta, com a ajuda de "egos-auxiliares" (vamos discutir sua função mais tarde), seu "trauma privado" e suas "ideologias privadas". No "psicodrama existencial", o ator individual está num "grupo existencial", que representa sua vida interna e externa no "como se" da ação dramática, não apenas para "curar-se, mas o amor por seus próprios demônios precipita o teatro". "Cada verdadeira segunda vez é uma liberação da primeira." "A pessoa adota, em relação à própria vida, a atitude do criador, o sentimento de verdadeira liberdade" (p. 88).

Lila também repete, em seu psicodrama, seus sofrimentos pessoais, que são ao mesmo tempo os sofrimentos do grupo de parentes e amigos com quem ela está intimamente ligada. Além disso, ela se confronta com seus "próprios demônios", que precisa reconhecer, ainda que não os ame, mas dos quais ela precisa libertar-se. Entretanto, uma vez que os conflitos emocionais de *Lila* não existam na vida real, somente em fantasias e alucinações, o sábio mágico inventa uma variante psicológica de tratamento que se pode chamar, como o faz Moreno, de método de realização simbólica. Esse método é aplicado como uma técnica psicodramática não apenas por meio da dramatização de alucinações psicóticas, mas também em conteúdos simbólicos oníricos. O paciente (por exemplo, um neurótico) atua seu sonho, com os egos-auxiliares interpretando os papéis dos personagens do sonho. Em geral, é pelo interjogo dramático "de palavras, símbolos, comportamento e ação" que as partes mais profundas do inconsciente emergem e são integradas à consciência (p. 97 e p. 319).

Os mesmos acontecimentos simbólicos, motivos e figuras que aparecem nos sonhos de pessoas normais e neuróticas aparecem também nos sonhos em vigília, alucinações inconscientes ou semiconscientes dos psicóticos. Para impedir que o paciente, que

O TEATRO DA ESPONTANEIDADE ■ 171

está isolado da realidade, se afunde ainda mais na escuridão de seu mundo fantástico, o método psicodramático de Moreno procura representar no palco as figuras da fantasia como personagens reais, expondo dessa forma os fatos psicológicos internos como ações dramáticas externas. Nas diretrizes e modalidades de tratamento que se seguem, Verazio-Goethe segue exatamente as regras do psicodrama de Moreno.

1. A insanidade é uma perda da realidade e não pode ser considerada curada senão quando o psiquismo retorna à realidade concreta do mundo.

2. A fantasia e as imagens alucinatórias do paciente não devem ser consideradas sem valor nem ser suprimidas; exatamente porque não podem ser racionalizadas ou suprimidas, elas provam sua realidade e dinâmica interiores. O ego já está bastante absorvido, mas não inteiramente envolvido nelas.

3. O conteúdo da fantasia enferma não pode ser reprimido enquanto está acontecendo, devendo, ao contrário, ser ativado, tornado tangível e sentido, e ser representado no palco psicodramático como cenas concretas, com pessoas reais com as quais o paciente precisa se defrontar.

4. Dessa forma, torna-se possível reverter o processo de realização simbólica. Os egos-auxiliares que participam do psicodrama voltam a ser, aos poucos, representantes da realidade externa, deixando de ser as figuras da realidade interna, até que o paciente esteja aberto completamente para a vida, de modo que consiga, com o coração e os sentimentos, dar conta de seu ego e de seu ambiente.

5. Esses quatro pontos de vista, que são apresentados por Moreno no texto "Tratamento psicodramático da psicose" podem ser aplicados aos distúrbios mentais de *Lila*.

Referência ao ponto 1: a loucura como perda de realidade

De acordo com um comentário feito por Goethe, em ocasião posterior, mas que pode lançar luz sobre a doença de Lila, as pessoas que são colocadas em meio ao mundo real desenvolvem um distúrbio mental "quando perdem a convicção da existência do mundo ao seu redor" e sonham com "coisas de um mundo diferente" que, entretanto, são espíritos irreais. Assim, também, a melancolia de Lila se transforma gradualmente em loucura quando ela perde o senso de realidade; "fantasias fizeram-na perder a cabeça". Ela considera todos os seus amigos e amantes sombras e como *personae* projetadas por mágicos, enquanto, ao contrário, suas próprias imagens loucas de fadas, gigantes, demônios e bruxas aparecem como a verdadeira realidade. Ela foge de seus amigos íntimos, de quem se afasta no começo de modo tímido, depois em crescente terror paranoico, e acaba, ao final, sequer conseguindo notá-los.

Moreno relata observações semelhantes em diversos casos de *dementia praecox* que tratou. "No caso de um paciente psicótico, a realidade normal é substituída por elementos ilusórios e alucinatórios [...] Parece que ele sequer nota a presença de outras pessoas em casa. O ego psicótico mudou. Ele se dividiu em diversos egos parciais e é substituído por personagens mistificadores ou cristos" (p. 275-85).

Referência ao ponto 2: envolvimento com imagens e ideias delirantes

Moreno leva muito a sério, em seus tratamentos psicodramáticos, os produtos da fantasia; estes têm para ele uma "característica importante". Ele não apenas tenta compreender a "linguagem poética" do protagonista, como faz o psicanalista, mas considera o paciente, com seus auxiliares, um poeta "que está, neste momento, possuído pela criação de sua fantasia". O terapeuta deve tentar penetrar na gramática de sua lógica fantástica, para que consiga falar a mesma linguagem do paciente no psicodrama, e municiá-lo, no palco, com personagens de seu mundo auxiliar, por intermédio dos egos-auxiliares (p. 275).

O Dr. Verazio-Goethe faz o mesmo com as imagens fantasiosas de Lila. Esta não as vê como algo sem sentido, produzido por uma fantasia irregular e arbitrária, que Goethe escolhe com base na produção da fantasia criativa. Os fatos e pessoas das fantasias de Lila criam uma impressão muito séria, até mesmo poética. Assim, o Dr. Verazio decide permitir que emerja do seu drama interno uma novela improvisada. Tal novela corresponde às *personae* dramáticas da imaginação doentia e poética de Lila; ela própria desempenha o papel principal como protagonista. Enquanto o marido, prosaico e realista, considera as fantasias de Lila histórias estúpidas e superficiais, o Dr. Verazio as reconhece como criativas e, portanto, com potencial de cura. Assim, ele quer que Lila e seus amigos representem a história de sua fantasia, a fim de curar "a fantasia por meio da fantasia" (p. 236).

Referência ao ponto 3: realização de fantasias delirantes

Os terapeutas pioneiros, tanto em *Lila* como no moderno psicodrama, começam agora a trabalhar com a representação externa da realidade interna (principalmente fantástica) do paciente psiquiátrico. Eles sentem, como postulado por Moreno, que a realidade e a fantasia de seus pacientes não são contradições, mas as consideram e tratam como "funções dentro de uma esfera mais ampla, o mundo psicodramático composto de pessoas, objetos e fatos", sejam eles reais ou imaginários. As ilusões dos sentidos e as alucinações adquirem uma configuração quando concretizadas no palco e equiparadas às percepções sensoriais normais (p. 77). Dessa forma, o paciente no psicodrama pode encontrar as pessoas concretas de seu entorno – uma vez que elas tenham um papel no seu conflito psicológico – da mesma forma que as figuras de sua fantasia, que no mais das vezes representam "partes de seu próprio ego".

Um drama, assim como sua representação no teatro, contém tema e história, poeta e produtor, um protagonista representando o papel principal, os que desempenham os papéis de apoio necessários como seguidores ou adversários do "herói", palco e cenário, às vezes música e dança. O próprio psiquismo em sofrimento e seu problema genuinamente vivenciado, seja ele real ou simbólico, constituem o tema e a substância dos psicodramas (p. 80).

Em *Lila*, de Goethe, a história do psicodrama corresponde à história fantasiosa de Lila, na qual ela, incorporando seu psiquismo enfermo, desempenha o papel principal. O paciente é sempre o protagonista. Ele é o "criador, ator e espectador ao mesmo tempo" (p. 280). Representa sempre o inconsciente "criador", muitas vezes já na formulação dramática dos fatos que se seguem e em sua representação imaginária; quando ele, sob a liderança do terapeuta no palco, "consegue transpor para uma ação viva seus sentimentos e suas ideias irracionais", torna--se um criador mais consciente e um ator ao mesmo tempo. Nessa atuação, a liberação da espontaneidade se articula com uma "atuação estruturada" (p. 294); portanto, o psicodrama deve manter o caráter improvisado, arbitrário, da peça *impromptu* e permanecer no tema, sendo a função dos coatores claramente delineada. O diretor terapêutico deve orientar o processo.

Por último, mas não menos importante, o protagonista não é apenas o paciente mas também o espectador da apresentação dramática desses problemas e fantasias, em especial naquelas partes do psicodrama em que ele não está ativamente envolvido, mas num papel passivo de observador. Dessa forma, Lila observa e ouve o que o mágico faz quando procura as ervas medicinais e nos solilóquios nos quais ele se refere a ela, ou então quando ela procura, em algum lugar oculto, o coro simbólico que se alterna entre as aranhas e seus espíritos.

O TEATRO DA ESPONTANEIDADE ■ 175

Se agora o paciente, em suas fantasias, cria o tema e o personagem de um psicodrama no qual ele desempenha o papel mais importante como ator ou espectador, o psicodrama nunca se desenvolveria e nunca progrediria de modo significativo não fosse a disciplina formativa e reguladora dos terapeutas que o coordenam.

O terapeuta principal deve preparar cuidadosamente a realização do psicodrama. Como ele tem a tarefa de relacionar a peça com a vida do protagonista (p. 78), não pode se satisfazer com um mero diagnóstico correto do caso. Ele precisa conseguir um quadro claro de todas as circunstâncias da vida do paciente e das falas dele, mesmo as fantasias mais absurdas. Isso se dá por meio de observação, questionamento e análise (não no sentido psicanalítico), mas também de forma indireta, buscando obter dos membros da família do paciente, assim como dos ajudantes terapêuticos, todo material possível.

Da mesma forma, também o Dr. Verazio tenta explorar todos os detalhes circunstanciais da doença de Lila. Ele se aborrece com o fato de o barão dificultar a obtenção das informações necessárias por meio de uma aproximação de sua mulher. Mas é bastante habilidoso e coleta material com base nas observações e nas experiências trazidas por amigos e parentes de Lila, ou com observações obtidas com a ajuda da criada. Ele prepara então o plano e o desenvolvimento do psicodrama de acordo com a situação atual dela, com sua vida pregressa e suas fantasias. Assim como o moderno diretor de psicodrama, o Dr. Verazio tem a tarefa de atender aos mais variados objetivos: diagnóstico e tratamento médicos; dramatização do fio condutor psicodramático, com base na história de vida e na situação atual da paciente, organizando as cenas da peça improvisada; orientação ao protagonista e instruções aos egos-auxiliares participantes, em seus respectivos papéis; sua participação direta no psicodrama como ego-auxiliar, observador participante e tradutor e intérprete (p. 295 e p. 318).

Com efeito, o Dr. Verazio é ego-auxiliar em todas as cenas nas quais desempenha o próprio papel e proporciona assistência à protagonista em sofrimento; ele é, além disso, um observador silencioso, o que se evidencia, por exemplo, durante a segunda crise de Lila; assim como um tradutor e intérprete, quando explica aos aturdidos coatores as condições emocionais de Lila, que estão mudando a todo instante, e lhes dá novas orientações para seu comportamento na dramatização.

Todos os assistentes terapêuticos são denominados egos-auxiliares, sejam eles médicos, enfermeiros, terapeutas e outros pacientes que participam do psicodrama. Eles encarnam no palco tanto as pessoas com as quais o paciente se relaciona como ideias fantasiosas, complexos que desenvolveram uma existência independente, partes do ego sofredor; eles ajudam o paciente, favorecendo seu autorreconhecimento e a ativação de sua libido bloqueada ou confusa e, finalmente, sua liberação interior e seu retorno à realidade.

A interpretação moreniana das funções desse grupo de egos-auxiliares poderia servir também como caracterização da ajuda terapêutica que é proporcionada a Lila, por seus parentes e amigos, na condição de coatores no psicodrama. De acordo com Moreno, os egos-auxiliares representam as pessoas reais ou simbólicas de seu espaço vital (p. 78). Eles aparecem como pessoas que lhe são próximas ou como personificação de suas ilusões e alucinações (p. 82). Na versão final de *Lila*, seu primo Frederick aparece como uma pessoa concreta que é reconhecida e tocada pela Lila alienada da realidade, como o primeiro mensageiro do mundo da realidade concreta, enquanto na segunda versão ela o vê flutuando entre os fenômenos reais e os fantasmagóricos. Todos os outros membros da família da paciente representam encarnações de ilusões e alucinações. Assim como a fantasia de Lila é preenchida por fadas boas e más, devido à prisão de seu marido pelo demônio, os egos-auxiliares, no papel de fadas e demônio, representam incidentes de supressão do marido e dos amigos de Lila.

No tratamento psicodramático da psicose, também Moreno permite aos seus egos-auxiliares representar fantasias e pessoas imaginárias do mundo do paciente, de tal forma que o paciente defronta ao mesmo tempo com o real e com seu meio mundo psicodramático, no qual ele vive. Moreno relata um caso de *dementia praecox*, no qual o paciente se considerava o Cristo renascido e se cercava, na fantasia, de apóstolos e evangelistas; psiquiatras, enfermeiros e amigos se dispuseram a representar todos os papéis que correspondiam ao mundo religioso da fantasia dele. Eles atuaram, inclusive com trajes adequados, todos os papéis relacionados com esse mundo fantástico e o ajudaram a ativar psicodramaticamente sua paranoia religiosa (p. 275). Essa superação de sua introversão perigosa por meio da atuação, interagindo com pessoas reais, é sem dúvida o objetivo de todas essas dramatizações grupais de percepções interiores, às quais se poderia aplicar o conceito de Goethe de grande ilusão. Com a realização psicodramática, mobiliza-se novamente a energia que o paciente vinha investindo, por um bom tempo, em seus sonhos e em seu mundo fantástico, com empobrecimento de seu ego real, tornando-se doente e frágil. Essa energia é recolocada no mundo externo e se torna disponível para o ego (p. 82).

Referência ao ponto 4: retorno à realidade externa

À fase psicodramática de realização (da produção fantasiosa) segue-se o processo inverso. Os egos-auxiliares que até agora tentaram entrar no mundo bastante simbólico do paciente, para representá-lo no palco de maneira objetiva, tornam-se cada vez mais os "representantes" da realidade externa. Muitos pacientes com problemas mentais devem passar por inúmeras ações simbólicas até que possam aceitar um encontro direto e imediato (por exemplo abraçar uma pessoa real). São longas e difíceis as etapas que os pacientes devem atravessar (de acordo com Moreno) no tratamento psicodramático. Isso ocorre também com Lila, em seu trabalho psicodramático, ao passar da ilusão para a realidade.

Moreno relata o caso da paciente Mary, que sofria de paranoia (p. 290), que passava o tempo todo procurando John, o "produto de sua fantasia". Na "fase de realização", os egos-auxiliares fazem o papel de pessoas da fantasia dela: uma pessoa imaginária e também os parentes de John (que aparentemente vive um tanto longe). No começo, Mary evidencia os mesmos sintomas de Lila: recusa de revelar suas alucinações, suspeita do médico e medo de ser morta por ele; e um excesso de clareza quanto às imagens fantasiosas vivenciadas, em contraste com a realidade, que é confusa e distorcida.

As etapas do lento retorno à realidade são semelhantes para Mary e Lila. A libido de Mary, fixada em John, em suas fantasias, é direcionada, no psicodrama, para o ego-auxiliar que assumiu o papel do amigo de John. Ao final, Mary transfere seus sentimentos liberados para um estranho, um homem que não pertence ao grupo de egos-auxiliares, com o qual ela acaba se casando. Ela dá ao filho que resulta desse casamento, num lance de sábio humor, o nome de seu amado original: o ideal masculino que John representa nas fantasias de Mary renasce agora em seu filho real.

Da mesma forma, também Lila é atraída para o mundo externo pela voz de um "ego-auxiliar" confiável, o sábio mágico (não sem algumas recaídas, assim como Mary); os papéis de boas fadas e demônios maus, que correspondem a suas imagens interiores, penetram em seus portadores reais por meio desses papéis, até que as máscaras caem e Lila se coloca nos braços do marido. A vida real a toma e a conduz, novamente.

As atividades apaixonadas desses acontecimentos psicológicos, que se movem do mundo interno para o externo, requerem uma concretização psicodramática e não se limitam ao "leito de Procrusto" do psicanalista. Somente o "palco multidimensional" proporciona o espaço para a exposição, pelo contato humano e pela ação espontânea, das forças corporais e mentais que se encontram aprisionadas (p. 81). O psicodrama de Moreno acontece num palco ou numa sala, no campo aberto, num jardim, diante de um prédio (p. 97). Um vestíbulo, parques, prédios, tudo faz parte do cenário de Lila. No processo de libertação do psiquismo, os movimentos livres do corpo servem, no psicodrama, tanto quanto "cores, luzes, música e dança" (p. 97). Da mesma forma, Verazio-Goethe considera a "música e a dança" aju-

O TEATRO DA ESPONTANEIDADE ■ 179

das essenciais no seu processo de cura psíquica. Lila volta à vida real quando ela se incorpora aos "dançarinos e cantores".

Qualquer que seja o ângulo pelo qual analisamos a dramatização das fantasias de Lila, patologicamente ampliadas porém produtivas, elas se afiguram como um verdadeiro psicodrama, que contém todos os elementos do atual método psicodramático de cura. Verazio-Goethe não pôde antecipar e prever que sua improvisação algum dia se desenvolveria na teoria e nas técnicas que tornaria possível planejar o retorno de doentes mentais de seu mundo irreal ao mundo real e à vida ativa, por meio de um *Stegreiftheater* organizado.

A escola psicodramática de Moreno não pode esquecer seu grande precursor, Goethe.

Comentários a respeito de Goethe e o psicodrama

O professor Diener de fato prestou um grande serviço à filosofia, à história e à ciência do psicodrama. É portanto um privilégio especial saber que o grande poeta e filósofo Johann Wolfgang von Goethe pensou em termos psicodramáticos e escreveu sobre o tema. Não existe nenhum autor na literatura anglo-saxônica, nem mesmo Shakespeare, que tenha alcançado o nível de Goethe como exímio criador nas ciências e nas artes.

Eu sabia que Goethe se interessara pelo teatro *Impromptu*. Em seu livro *Die Lehrjahre,* segundo volume, capítulo nove, ele escreveu: "O teatro da espontaneidade deveria ser introduzido em todo teatro. A trupe deveria ser treinada regularmente dessa forma. O público se beneficiaria se uma vez por mês se produzisse uma peça não escrita".

A filosofia de Goethe a respeito da cura psicológica

Goethe, embora não fosse médico nem psiquiatra, estava profundamente interessado na cura mental, tendo expressado isso em seus escritos. Ele concebia a neurose e a psicose como um processo criativo semelhante à obra de arte.

Não sei se Goethe se interessou pelo psicodrama. Na verdade, o termo psicodrama propriamente dito não era conhecido na época de Goethe, tendo sido introduzido por mim, nos Estados Unidos. O que se pode dizer é que Goethe era um profundo observador da doença mental e sempre a debatia e fazia menção a ela em seus escritos. Vamos, portanto, avaliar o que ele afirmou, na verdade.

Goethe fez uma afirmação filosófica importante a respeito de como a doença mental deveria ser tratada e curada. Ele costumava apontar que "o melhor caminho para conseguir uma cura psicológica é permitir que a loucura entre no tratamento para curar o problema". Ele escreveu, por exemplo, numa carta dirigida a K. F. Grafen Brühl, diretor do Royal Theater, em 1º de outubro de 1818: "A novela *Lila* é na verdade uma cura psicológica na qual se permite que a loucura venha à tona, ou seja, caminhar com ela, até mesmo intensificando-a, para poder curá-la" (Diener, p. 147 e p. 180). Nessa carta, Goethe fala de uma "cura psicológica", que está em oposição ao tratamento físico e outros métodos comuns na época. Isso constitui, na verdade, uma profunda antecipação de um aspecto importante da filosofia psicodramática.

Há, porém, uma boa distância entre uma peça "escrita" e o psicodrama. *Lila* é uma novela escrita que descreve os sofrimentos de uma pessoa *imaginária* mentalmente enferma. *Lila* é uma ficção que surgiu da mente de Goethe, o dramaturgo; ela não existe. Entretanto, na versão do psicodrama mais popular nos Estados Unidos, a situação é muito diferente. Não há uma obra escrita. Não há dramaturgo nem texto. O drama é real, embora assuma a forma de jogo. O protagonista é real, e não um personagem fictício. No psicodrama, as pessoas que atuam são reais. Não são atores. O protagonista apresenta suas ansiedades reais, seus medos reais, suas esperanças reais. Ele não tem de preparar o drama, que está nele, sempre pronto a ser trazido para a vida. Ele está no aqui e agora.

A questão é, não obstante as diferenças apontadas entre um psicodrama vivo e um assim chamado psicodrama escrito, verificar se há fatores comuns que justifiquem que os intérpretes considerem *Lila* de Goethe uma peça psicodramática. É possível que Goethe tenha tentado dar um exemplo universal, na forma de novela, de como começa uma doença mental, como se desenvolve e termina, utilizando uma espécie de método didático. Pode-se imaginar que alguém, em nossa época, que tenha dirigido milhares de psicodramas vivos, poderia tentar colocar seus aspectos principais numa única peça, como se estivesse escrevendo um texto para psicodramatistas.

Desejando-se atribuir um crédito pleno a Goethe, pode-se dizer que, pelo menos até onde eu saiba, nenhum outro dramaturgo construiu *uma peça inteira*, ou seja, *cada cena, cada palavra, toda a estrutura de uma peça*, para demonstrar o drama como cura. Isso foi exatamente o que ele fez e não teve precedente em sua época. Não se trata, é claro, de um psicodrama "vivo", conforme nossa acepção moderna, mas pode ser chamado de psicodrama. O que está numa palavra, uma vez que concordamos, senão o seu significado?

A interpretação de Goethe por Gottfried Diener

É importante assinalar a grande contribuição de Diener em seu belo livro. Ele se interessou pela literatura psicodramática e procurou "explicar" a obra de Goethe em termos de psicodrama, muitas vezes de forma muito intrigante. Também discute a fundo os dramaturgos anteriores e posteriores à época de Goethe, em especial aqueles com uma orientação psicodramática, destacando a peça dentro da peça em *Hamlet*, de Shakespeare, na qual Hamlet coloca a mãe e o padrasto no palco e dirige a ambos. É, entretanto, apenas um breve *intermezzo* em *Hamlet*. O escritor espanhol Cervantes, em sua novela *Dom Quixote,* mostra como Quixote foi tratado e curado de sua doença mental por um método psicodramático[30], mas o interlúdio psicodramático foi novamente apenas um capítulo na grande novela.

Muitos outros dramaturgos e novelistas, de Aristófanes a Ibsen e Strindberg, utilizaram técnicas psicodramáticas em suas obras. Diener finalmente mostra também o trabalho de Reil e, por último mas não menos importante, o de Raimunds, *Alpenkönig und Menshen feind.*

De minha parte, gostaria de prestar um serviço ao professor Diener e à versão germânica do psicodrama, com o objetivo de esclarecer, convidando-o a vir a Beacon para uma sessão em que ele fizesse o papel de Goethe, Goethe fizesse o papel de Diener e eu fizesse o meu próprio papel.

---

30. Veja Francisco Garcia-Valdecasas, "Don Quixote and psychodrama", *Group psychotherapy*, v. 20, 1-2, 1967, conferência de abertura do II Congresso Internacional de Psicodrama, Barcelona, 29 de agosto de 1966.

Glossário

Catarse mental. Por meio de um processo de aquecimento até uma vivência completa, os sujeitos liberam e se purgam de uma síndrome mental ou cultural.

Conserva cultural. O produto final de um esforço criativo (um livro, uma sinfonia musical etc.).

Criatividade. A criatividade tem duas ligações, uma com o ato criativo e outra com o criador; considera-se inútil uma definição de criatividade que separe o ato de criação da pessoa que cria; outra ligação é com a espontaneidade, esta considerada a matriz de onde surge a criação. Espontaneidade e criatividade são tidos, frequentemente, como conceitos gêmeos, fazendo uma diferenciação quanto ao abandonado conceito de espontaneidade automática, que desconsidera o sentido profundo da espontaneidade, tornando-a algo incontrolável e em particular característica do comportamento animal.

Criaturgia. A forma de direção improvisada, que se distingue da dramaturgia, que é uma forma de direção ensaiada.

Espontaneidade. A origem dessa palavra é o latim *sua sponte*, que significa *de livre vontade*. A espontaneidade é: 1) um afastamento das "leis" da natureza; 2) a matriz da criatividade; 3) o *locus* do si-mesmo.

Estado de espontaneidade. Traduzido do termo alemão *Stegrieflage* (ambos cunhados pelo autor).

Metafísica. O ponto de vista da criatura.

Metapraxia. Termo cunhado pelo autor. O ponto de vista do criador; a metafísica da ação; o *locus* da liberdade.

Momento, categoria do. Deve ser diferenciado de "presente". O presente é uma categoria universal, estática e passiva, um correlato de toda experiência, por assim dizer, automática. Como uma transição do passado para o futuro, está sempre ali. O presente é uma categoria *formal*, em contraste com o momento, que é uma categoria *criativa*; é por meio de um processo espontâneo-criativo que a categoria formal do presente alcança um significado dinâmico, quando se transforma em momento. Um processo completamente automático e puramente mecânico, como a repetição de um filme, tem ao mesmo tempo um "presente" e a mais intensa experiência criativa. É possível obter uma definição positiva de momento, confrontando-o, de um lado, com as conservas culturais em suas diversas formas e, de outro, com a espontaneidade-criatividade.

Psicodrama. Termo criado pelo autor. Significa plena psicorrealização. Nesse termo estão incluídas todas as formas de produção dramática em que os participantes, sejam atores ou espectadores a) fornecem o material básico; b) fornecem a produção; e c) são os beneficiários imediatos do efeito catártico da produção. Cada sessão é um ato comunitário, cooperativo. Nenhuma parte da produção é complementada ou produzida por alguém de fora. Podem-se diferenciar três formatos principais: 1) o psicodrama totalmente espontâneo; 2) o psicodrama planejado; e 3) o psicodrama ensaiado. No primeiro, o psicodrama espontâneo é, pelo menos de maneira consciente, totalmente improvisado; apresenta-se um conflito e em torno dele os membros do grupo desenvolvem uma sessão orientada por um diretor e seus egos-auxiliares. Embora improvisado, a unidade funcional é em geral cuidadosamente organizada e treinada para manejar as situações. O segundo formato, o psicodrama planejado, é inesperado no momento da apresentação; porém, pode ser feito um planejamento cuidadoso dos membros do grupo e da equipe de egos-auxiliares, durante dias, semanas ou até meses de antecedência. Há vários "níveis" de planejamento parcial; os temas podem ser deixados totalmente fora do planejamento, sendo expostos na situação concreta, sem preparação prévia. Por outro lado, diretor, egos-auxiliares e informantes podem planejar os detalhes relativos à sessão vindoura e preparar-se quanto ao que possa acontecer. Em outra forma de planejamento parcial, os sujeitos e o público não são preparados, apenas a equipe se prepara, enquanto o sujeito e o público são pegos de surpresa. Em outra, o público faz parte do planejamento, em geral como coprodutor, sendo que os sujeitos ficam de fora. Há uma diferença entre planejar e ensaiar. O formato ensaiado proporciona uma reprodução acurada do que, antes do desempenho propriamente dito, foi coproduzido por todo o grupo. Nada novo é criado no momento da apresentação. No terceiro formato, o psicodrama ensaiado, trabalha-se em detalhe uma síndrome mental específica de um sujeito ou paciente, na forma de diálogo escrito e entregue para ser atuado pelo sujeito, com a ajuda de alguns atores terapêuticos, sendo o equilíbrio do grupo o objetivo final da produção; não se permite que pessoas estranhas participem da representação como atores nem como espectadores. A representação de uma peça idealizada por um dramaturgo com a ajuda do elenco, ao final escrita e ensaiada com eles, não é psicodrama. Da mesma forma, um drama psicológico "escrito" por um dramaturgo como Ibsen ou O'Neill, não é psicodrama. O psicodrama pode ser, em sua aplicação, exploratório, preventivo, diagnóstico, educacional, sociológico e psiquiátrico.

Quociente de espontaneidade. Traduzido do alemão *Stegreif Quotient* (ambos os termos cunhados pelo autor).

Relação interpessoal. Termo utilizado pelo autor, traduzido do alemão *Zwischen-Menschliche Beziehung*. Para a primeira vez em que aparece a expressão em inglês *"inter-personal relation"*, veja W. C. Perry, *Theory of values*, Chicago 1927. A expressão é utilizada pelo autor e pelos sociometristas numa acepção que difere da psicanalítica, significando "uma relação de mão dupla, na qual os parceiros são autorizados a agir um em relação ao outro igual e completamente espontânea". Essa definição do termo, introduzida pelo autor, vem sendo aceita.

Situação interpessoal. Termo cunhado pelo autor, traduzido do alemão *Begegnungs Lage*.

Sociodrama. Termo criado pelo autor, é também considerado uma subdivisão do psicodrama. Diferencia-se do "drama social", produto cerebral de um dramaturgo individual, com uma relação vaga entre ele e o público. Por outro lado, há divisões: sociodrama espontâneo, sociodrama planejado e sociodrama ensaiado. As diferenças entre psicodrama e sociodrama se dão na estrutura e objetivo. O psicodrama lida com um problema no qual uma pessoa ou um grupo de pessoas estão envolvidos no âmbito privado. Por sua vez, o sociodrama trata de problemas nos quais o aspecto coletivo é colocado em primeiro lugar, ficando num segundo plano o relacionamento privado das pessoas. Não se pode, evidentemente, separar os dois de forma clara.

Talento para a espontaneidade. Traduzido do alemão *Stegreifeignung* (termo cunhado pelo autor).

Teatro convencional. Nele, os produtores (dramaturgos, atores etc.) da peça não se relacionam entre si (ou apenas casualmente). Eles não colaboram na criação da peça, tampouco na sua apresentação.

Técnica da espontaneidade. Traduzido do alemão *Stegreiftechnique* (ambos os termos cunhados pelo autor); inclui a técnica do jogo, traduzida do alemão *Spieltechnic*.

Teometria. Trata do *locus nascendi* de ideias e objetos.

Treinamento da espontaneidade. Traduzido do alemão *Stegreif-Uehbung* (ambos os termos cunhados pelo autor).

leia também

PALAVRAS DE JACOB LEVY MORENO
VOCABULÁRIO DE CITAÇÕES DO PSICODRAMA, DA PSICOTERAPIA DE GRUPO, DO SOCIODRAMA E DA SOCIOMETRIA
Rosa Cukier
Os conceitos morenianos estão reunidos nesse trabalho de monumental importância. Resultado de nove anos de pesquisa, um instrumento de apoio para professores e alunos de psicologia no estudo da psicoterapia de grupo, da sociometria e do psicodrama. Consulte também a versão em espanhol, Palabras de Moreno.
REF. 20803   ISBN 85-7183-803-8

JACOB LEVY MORENO – 1889-1974
PAI DO PSICODRAMA, DA SOCIOMETRIA E DA PSICOTERAPIA DE GRUPO
René F. Marineau
O primeiro livro a examinar a história de Moreno na Europa, assim como os anos passados nos Estados Unidos. Através de entrevistas e pesquisas feitas nos arquivos de Viena, Marineau nos oferece um retrato desse homem excepcionalmente criativo e nos apresenta uma nova maneira de compreender Moreno.
REF. 20401   ISBN 85-7183-401-6

LIÇÕES DE PSICODRAMA
INTRODUÇÃO AO PENSAMENTO DE J. L. MORENO
Camila Salles Gonçalves, José Roberto Wolff, Wilson Castello de Almeida
Este livro apresenta, de forma didática, os conceitos fundamentais e as técnicas originais do psicodrama, tais como foram formulados por seu criador, Jacob Levy Moreno.
REF. 20345   ISBN 978-85-7183-345-6

O ESSENCIAL DE MORENO
TEXTOS SOBRE PSICODRAMA, TERAPIA DE GRUPO E ESPONTANEIDADE
Jonathan Fox
Os melhores e mais importantes textos de J. L. Moreno estão reunidos neste volume. Eles revelam as suas ideias ao desenvolver o psicodrama e a sociometria, com forte ênfase na espontaneidade e na criatividade. Há vários exemplos de casos tratados por Moreno. Introdução e comentários de Jonathan Fox.
REF. 20790   ISBN 85-7183-790-2

www.gruposummus.com.br

------- dobre aqui -------

CARTA-RESPOSTA
NÃO É NECESSÁRIO SELAR

O SELO SERÁ PAGO POR

AC AVENIDA DUQUE DE CAXIAS
1214-999 São Paulo/SP

------- dobre aqui -------

CADASTRO PARA MALA DIRETA

Recorte ou reproduza esta ficha de cadastro, envie-a completamente preenchida por correio ou fax, e receba informações atualizadas sobre nossos livros.

Nome: _____ Empresa: _____
Endereço: ☐ Res. ☐ Com. _____ Bairro: _____
CEP: _____ - _____ Cidade: _____ Estado: _____ Tel.: ( ) _____
Fax: ( ) _____ E-mail: _____
Profissão: _____ Professor? ☐ Sim ☐ Não Disciplina: _____ Data de nascimento: _____

1. Onde você compra livros?
☐ Livrarias   ☐ Feiras
☐ Telefone   ☐ Correios
☐ Internet   ☐ Outros. Especificar: _____

2. Onde você comprou este livro? _____

3. Você busca informações para adquirir livros por meio de:
☐ Jornais   ☐ Amigos
☐ Revistas   ☐ Internet
☐ Professores ☐ Outros. Especificar: _____

4. Áreas de interesse:
☐ Psicologia   ☐ Comportamento
☐ Crescimento Interior ☐ Saúde
☐ Astrologia   ☐ Vivências, Depoimentos

5. Nestas áreas, alguma sugestão para novos títulos? _____

6. Gostaria de receber o catálogo da editora? ☐ Sim ☐ Não

7. Gostaria de receber o Ágora Notícias? ☐ Sim ☐ Não

Indique um amigo que gostaria de receber a nossa mala direta.

Nome: _____ Empresa: _____
Endereço: ☐ Res. ☐ Coml. _____ Bairro: _____
CEP: _____ - _____ Cidade: _____ Estado: _____ Tel.: ( ) _____
Fax: ( ) _____ E-mail: _____
Profissão: _____ Professor? ☐ Sim ☐ Não Disciplina: _____ Data de nascimento: _____

Editora Ágora
Rua Itapicuru, 613 7º andar 05006-000 São Paulo - SP Brasil Tel. (11) 3872-3322 Fax (11) 3872-7476
Internet: http://www.editoraagora.com.br   e-mail: agora@editoraagora.com.br

cole aqui